AF177718

Tucholsky Wagner Zola Scott Sydow Freud Schlegel
Turgenev Wallace Fonatne

Twain Walther von der Vogelweide Fouqué Friedrich II. von Preußen
Weber Freiligrath

Fechner Fichte Weiße Rose von Fallersleben Kant Ernst Frey Frommel
Richthofen

Hölderlin

Engels Fielding Eichendorff Tacitus Dumas
Fehrs Faber Flaubert

Maximilian I. von Habsburg Fock Eliasberg Zweig Ebner Eschenbach
Feuerbach Ewald Eliot Vergil

Goethe Elisabeth von Österreich London

Mendelssohn Balzac Shakespeare Dostojewski Ganghofer

Trackl Stevenson Lichtenberg Rathenau Doyle Gjellerup
Mommsen Thoma Tolstoi Hambruch Droste-Hülshoff
Lenz Hanrieder

Dach Verne von Arnim Hägele Hauff Humboldt
Karrillon Reuter Rousseau Hagen Hauptmann Gautier
Garschin

Damaschke Defoe Hebbel Baudelaire
Descartes

Wolfram von Eschenbach Dickens Schopenhauer Hegel Kussmaul Herder
Bronner Darwin Melville Grimm Jerome Rilke George
Campe Horváth Aristoteles Bebel Proust

Bismarck Vigny Barlach Voltaire Federer Herodot
Gengenbach Heine

Storm Casanova Lessing Tersteegen Gilm Grillparzer Georgy
Chamberlain Langbein Gryphius
Brentano Lafontaine

Strachwitz Claudius Schiller Kralik Iffland Sokrates
Katharina II. von Rußland Bellamy Schilling
Gerstäcker Raabe Gibbon Tschechow

Löns Hesse Hoffmann Gogol Wilde Gleim Vulpius
Luther Heym Hofmannsthal Klee Hölty Morgenstern
Roth Heyse Klopstock Goedicke
Luxemburg Puschkin Homer Kleist Mörike Musil
Machiavelli La Roche Horaz

Navarra Aurel Musset Kierkegaard Kraft Kraus
Nestroy Marie de France Lamprecht Kind Kirchhoff Hugo Moltke

Nietzsche Nansen Laotse Ipsen Liebknecht
Marx Ringelnatz
von Ossietzky Lassalle Gorki Klett Leibniz
May vom Stein Lawrence Irving
Petalozzi Platon Knigge
Sachs Poe Pückler Michelangelo Kock Kafka
Liebermann Korolenko
de Sade Praetorius Mistral Zetkin

Der Verlag tredition aus Hamburg veröffentlicht in der Reihe **TREDITION CLASSICS** Werke aus mehr als zwei Jahrtausenden. Diese waren zu einem Großteil vergriffen oder nur noch antiquarisch erhältlich.

Symbolfigur für **TREDITION CLASSICS** ist Johannes Gutenberg (1400 — 1468), der Erfinder des Buchdrucks mit Metalllettern und der Druckerpresse.

Mit der Buchreihe **TREDITION CLASSICS** verfolgt tredition das Ziel, tausende Klassiker der Weltliteratur verschiedener Sprachen wieder als gedruckte Bücher aufzulegen – und das weltweit!

Die Buchreihe dient zur Bewahrung der Literatur und Förderung der Kultur. Sie trägt so dazu bei, dass viele tausend Werke nicht in Vergessenheit geraten.

August Rodin - Einer jungen Bildhauerin

Erster Teil (1902)

Rainer Maria Rilke

Impressum

Autor: Rainer Maria Rilke
Umschlagkonzept: toepferschumann, Berlin

Verlag: tradition GmbH, Hamburg
ISBN: 978-3-8472-7082-9
Printed in Germany

Rainer Maria Rilke

August Rodin

Erster Teil (1902)

Einer jungen Bildhauerin

Paris, im Dezember 1902

»Die Schriftsteller wirken durch Worte ....
die Bildhauer aber durch Taten «
Pomponius Gauricus, in seiner Schrift »De sculptura." (Um 1504)

The hero is he who is immovably centred.
(Emerson)

Rodin war einsam vor seinem Ruhme. Und der Ruhm, der kam, hat ihn vielleicht noch einsamer gemacht. Denn Ruhm ist schließlich nur der Inbegriff aller Mißverständnisse, die sich um einen neuen Namen sammeln.

Es sind ihrer sehr viele um Rodin, und es wäre eine Lange und mühsame Aufgabe, sie aufzuklären. Es ist auch nicht nötig; sie stehen, um den Namen, nicht um das Werk, das weit über dieses Namens Klang und Rand hinausgewachsen und namenlos geworden ist, wie eine Ebene namenlos ist, oder ein Meer, das nur auf der Karte einen Namen hat, in den Büchern und bei den Menschen, in Wirklichkeit aber nur Weite ist, Bewegung und Tiefe.

Dieses Werk, von dem hier zu reden ist, ist gewachsen seit Jahren und wächst an jedem Tage wie ein Wald und verliert keine Stunde. Man geht unter seinen tausend Dingen umher, überwältigt von der Fülle der Funde und Erfindungen, die es umfaßt, und man sieht sich unwillkürlich nach den zwei Händen um, aus denen diese Welt erwachsen ist. Man erinnert sich, wie klein Menschenhände sind, wie bald sie müde werden und wie wenig Zeit ihnen gegeben ist, sich zu regen. Und man verlangt die Hände zu sehen, die gelebt haben wie hundert Hände, wie ein Volk von Händen, das vor Sonnenaufgang sich erhob zum weiten Wege dieses Werkes. Man fragt nach dem, der diese Hände beherrscht. Wer ist dieser Mann?

Es ist ein Greis. Und sein Leben ist eines von denen, die sich nicht erzählen lassen. Dieses Leben hat begonnen und es geht, es geht tief in ein großes Alter hinein, und es ist für uns, als ob es vor vielen hundert Jahren vergangen wäre. Wir wissen nichts davon. Es wird eine Kindheit gehabt haben, irgendeine, eine Kindheit in Armut, dunkel, suchend und ungewiß. Und es hat diese Kindheit vielleicht noch, denn –, sagt der heilige Augustinus einmal, wohin sollte sie gegangen sein? Es hat vielleicht alle seine vergangenen Stunden, die Stunden der Erwartung und der Verlassenheit, die Stunden des Zweifels und die langen Stunden der Not, es ist ein Leben, das nichts verloren und vergessen hat, ein Leben, das sich versammelte, da es verging. Vielleicht, wir wissen nichts davon. Aber nur aus einem solchen Leben, glauben wir, kann eines solchen Wirkens Fülle und Überfluß entstanden sein, nur ein solches Leben, in dem alles gleichzeitig ist und wach und nichts vergangen, kann jung und stark bleiben und sich immer wieder zu hohen Werken erheben. Es wird vielleicht eine Zeit kommen, da man diesem Leben seine Geschichte erfinden wird, seine Verwickelungen, seine Episoden und Einzelheiten. Sie werden erfunden sein. Man wird von einem Kinde erzählen, das oft zu essen vergaß, weil es ihm wichtiger schien, mit einem schlechten Messer Dinge in geringes Holz zu schneiden, und man wird in die Tage des jungen Menschen irgend eine Begegnung setzen, die eine Verheißung zukünftiger Größe, eine von jenen nachträglichen Prophe-zeiungen enthält, die so volkstümlich und rührend sind. Es könnten ganz gut die Worte sein, die irgend ein Mönch vor fast fünfhundert Jahren dem jungen Michel Colombe gesagt haben soll, diese Worte: »Travaille, petit, regarde tout ton saoul et le clocher à jour de Saint-Pol, et les belles œuvres des compaignons, regarde, aime le bon Dieu, et tu auras la grâce des grandes choses.« »Und du wirst die Gnade der großen Dinge haben.« Vielleicht hat ein inneres Gefühl so, nur unendlich viel leiser als der Mund des Mönches, zu dem jungen Menschen gesprochen an einem der Kreuzwege seines Anbeginns. Denn gerade das suchte er: die Gnade der großen Dinge. Da war das Louvre mit den vielen lichten Dingen der Antike, die an südliche Himmel erinnerten und an die Nähe des Meeres, und dahinter erhoben sich andere, schwere steinerne Dinge, aus undenklichen Kulturen hinüberdauernd in noch nicht gekommene Zeiten. Da waren Steine, die schliefen, und man fühlte, daß sie erwachen würden bei irgend einem Jüngsten Gericht, Steine, an denen nichts Sterbliches war, und andere, die eine Bewegung trugen, eine Gebärde, die so frisch geblieben war, als sollte sie hier nur aufbewahrt und eines Tages irgend einem Kinde gegeben werden, das vorüberkam. Und nicht allein in den berühmten Werken und den weithin- sichtbaren war dieses Lebendigsein; das Unbeachtete, Kleine, das Namenlose und Überzählige war nicht weniger erfüllt von dieser tiefen, innerlichen Erregtheit, von dieser reichen und überraschenden Unruhe des Lebendigen. Auch die Stille, wo Stille war, bestand aus hundert und hundert Bewegungsmomenten, die sich im Gleichgewicht hielten. Es gab kleine Figuren da, Tiere besonders, die sich bewegten, streckten oder zusammenzogen, und wenn ein Vogel saß, so wußte man doch, daß es ein Vogel war, ein Himmel wuchs aus ihm heraus und blieb um ihn stehen, eine Weite war zusammengefaltet auf jede seiner Federn gelegt und man konnte sie aufspannen und ganz groß machen. Und ganz ähnlich war es mit den Tieren, die auf den Kathedralen standen und saßen oder unter den Konsolen kauerten, verkümmert und gekrümmt und zu träge zum Tragen. Da waren Hunde und Eichhörnchen, Spechte und Eidechsen, Schildkröten, Ratten und Schlangen. Wenigstens eines von jeder Art. Diese Tiere schienen draußen eingefangen worden zu sein in den Wäldern und auf den Wegen, und der Zwang, unter steinernen Ranken, Blumen und Blättern zu leben, mußte sie selbst langsam verwandelt haben zu dem was sie nun waren und immer bleiben sollten. Aber es fanden sich auch Tiere, die schon in dieser versteinten Umgebung geboren waren, ohne Erinnerung an ein anderes Dasein. Sie waren schon ganz die Bewohner dieser aufrechten, ragenden, steil steigenden Welt. Unter ihrer fanatischen Magerkeit standen spitzbogige Skelette. Ihre Münder waren weit und schreiend wie bei Tauben, denn die Nähe der Glocken hatte ihr Gehör zerstört. Sie trugen nicht, sie streckten sich und halfen so den Steinen steigen. Die Vogelhaften hockten oben auf den Balustraden, als wären sie eigentlich unterwegs und wollten nur ein paar Jahrhunderte lang ausruhen und hinunterstarren auf die wachsende Stadt. Andere, die von Hunden abstammten, stemmten sich waagrecht vom Rand der Traufen in die Luft, bereit, das Wasser der Regen aus ihren vom Speien angeschwollenen Rachen zu werfen. Alle hatten sich umgebildet und angepaßt, aber sie hatten nichts an Leben verloren, im Gegenteil, sie lebten stärker und heftiger, lebten für ewig das inbrünstige und ungestüme Leben jener Zeit, die sie hatte erstehen lassen.

Und wer diese Gebilde sah, der empfand, daß sie nicht aus einer Laune geboren waren, nicht aus einem spielerischen Versuch, neue, unerhörte Formen zu finden. Die Not hatte sie geschaffen. Aus der Angst vor den unsichtbaren Gerichten eines schweren Glaubens hatte man sich zu diesem Sichtbaren gerettet, vor dem Ungewissen flüchtete man zu dieser Verwirklichung. Noch suchte man sie in Gott, nichtmehr indem man ihm Bilder erfand und versuchte, sich den Vielzufernen vorzustellen: indem man alle Angst und Armut, alles Bangsein und die Gebärden der Geringen in sein Haus trug, in seine Hand legte, auf sein Herz stellte, war man fromm. Das war besser als malen; denn die Malerei war auch eine Täuschung, ein schöner und geschickter Betrug; man sehnte sich nach Wirklicherem und Einfachem. So entstand die seltsame Skulptur der Kathedralen, dieser Kreuzzug der Beladenen und der Tiere.

Und wenn man von der Plastik des Mittelalters zurücksah zur Antike und wieder über die Antike hinaus in den Anfang unsagbarer Vergangenheiten, schien es da nicht, als verlangte die menschliche Seele immer wieder an lichten oder bangen Wendepunkten nach dieser Kunst, die mehr giebt als Wort und Bild, mehr als Gleichnis und Schein: nach dieser schlichten Dingwerdung ihrer Sehnsüchte oder Ängste? Zuletzt in der Renaissance gab es eine große plastische Kunst; damals als das Leben sich erneut hatte, als man das Geheimnis der Gesichter fand und die große Gebärde, die im Wachsen war.

Und jetzt? War nicht wieder eine Zeit gekommen, die nach diesem Ausdruck drängte, nach dieser starken und eindringlicher Auslegung dessen, was in ihr unsagbar war, wirr und rätselhaft? Die Künste hatten sich irgendwie erneut, Eifer und Erwartung erfüllte und belebte sie; aber vielleicht sollte gerade diese Kunst, die Plastik, die noch in der Furcht einer großen Vergangenheit zögerte, berufen sein zu finden, wonach die andern tastend und sehnsüchtig suchten? Sie mußte einer Zeit helfen können, deren Qual es war, daß fast alle ihre Konflikte im Unsichtbaren lagen. Ihre Sprache war der Körper. Und diesen Körper, wann hatte man ihn zuletzt gesehen? Schichte um Schichte hatten sich die Trachten darüber gelegt, wie ein immer erneuter Anstrich, aber unter dem Schutz dieser Krusten hatte die wachsende Seele ihn verändert, während sie atemlos an den Gesichtern arbeitete. Er war ein anderer geworden. Wenn man ihn jetzt aufdeckte, vielleicht enthielt er tausend Ausdrücke für alles Namenlose und Neue, das inzwischen entstanden war, und für jene alten Geheimnisse, die, aufgestiegen aus dem Unbewußten, wie fremde Flußgötter ihre triefenden Gesichter aus dem Rauschen des Blutes hoben. Und dieser Körper konnte nicht weniger schön sein als der der Antike, er mußte von noch größerer Schönheit sein. Zwei Jahrtausende länger hatte das Leben ihn in den Händen behalten und hatte an ihm gearbeitet, gehorcht und gehämmert Tag und Nacht. Die Malerei träumte von diesem Körper, sie schmückte ihn mit Licht und durchdrang ihn mit Dämmerung, sie umgab ihn mit aller Zärtlichkeit und allem Entzücken, sie befühlte ihn wie ein Blumenblatt und ließ sich tragen von ihm wie von einer Welle, – aber die Plastik, der er gehörte, kannte ihn noch nicht.

Hier war eine Aufgabe, groß wie die Welt. Und der vor ihr stand und sie sah, war ein Unbekannter, dessen Hände nach Brot gingen, in Dunkelheit. Er war ganz allein, und wenn er ein richtiger Träumer gewesen wäre, so hätte er einen schönen und tiefen Traum träumen dürfen, einen Traum, den niemand verstanden hatte, einen von jenen langen, langen Träumen, über denen ein Leben hingehen kann wie ein Tag. Aber dieser junge Mensch, der in der Manufaktur von Sèvres seinen Verdienst hatte, war ein Träumer, dem der Traum in die Hände stieg, und er begann gleich mit seiner Verwirklichung. Er fühlte, wo man anfangen mußte eine Ruhe, die in ihm war, zeigte ihm den weisen Weg. An dieser Stelle offenbart sich schon Rodins tiefe Übereinstimmung mit der Natur, von der der Dichter Georges Rodenbach, der ihn geradezu eine Naturkraft nennt, so schöne Worte zu sagen wußte. Und in der Tat, es ist eine dunkle Geduld in Rodin, die ihn beinahe namenlos macht, eine stille, überlegene Langmut, etwas von der großen Geduld und Güte der Natur, die mit einem Nichts beginnt, um still und ernst den weiten Weg zum Überfluß zu gehen. Auch Rodin vermaß sich nicht, Bäume machen zu wollen. Er fing mit dem Keim an, unter der Erde gleichsam. Und dieser Keim wuchs nach unten, senkte Wurzel um Wurzel abwärts, verankerte sich, ehe er anfing einen kleinen Trieb nach oben zu tun. Das brauchte Zeit und Zeit. »Man muß sich nicht eilen «, sagte Rodin den wenigen Freunden, die um ihn waren, wenn sie ihn drängten.

Damals kam der Krieg, und Rodin ging nach Brüssel und arbeite-te, wie der Tag es befahl Er führte einige Figuren an Privathäusern aus und mehrere von den Gruppen auf dem Börsengebäude und schuf die vier großen Eckfiguren bei dem Denkmal des Bürgermeis-ters Loos im Parc d' Anvers. Das waren Aufträge, die er gewissen-haft ausführte, ohne seine wachsende Persönlichkeit zu Worte kommen zu lassen. Seine eigentliche Entwickelung ging nebenher, zusammengedrängt in die Pausen, in die Abendstunden, ausgebrei-tet in der einsamen Stille der Nächte, vor sich, und er mußte diese Teilung seiner Energie jahrelang ertragen. Er besaß die Kraft derjeni-gen, auf die ein großes Werk wartet, die schweigsame Ausdauer derer, die notwendig sind.

Während er an der Börse von Brüssel beschäftigt war, mochte er fühlen, daß es keine Gebäude mehr gab, die die Werke der Skulptur um sich versammelten, wie es die Kathedralen getan hatten, diese großen Magnete der Plastik einer vergan-genen Zeit. Das Bildwerk war allein, wie das Bild allein war, das Staffelei-Bild, aber es bedurf-te ja auch keiner Wand wie dieses. Es brauchte nicht einmal ein Dach. Es war ein Ding, das für sich allein bestehen konnte, und es war gut, ihm ganz das Wesen eines Dinges zu geben, um das man herumgehen und das man von allen Seiten betrachten konnte. Und doch mußte es sich irgendwie von den anderen Dingen unterschei-den, den gewöhnlichen Dingen, denen jeder ins Gesicht greifen konnte. Es mußte irgendwie unantastbar werden, sakrosankt, ge-trennt vom Zufall und von der Zeit, in der es einsam und wunder-bar wie das Gesicht eines Hellsehers aufstand. Es mußte seinen eigenen, sicheren Platz erhalten, an den nicht Willkür es gestellt hatte, und es mußte eingeschaltet werden in die stille Dauer des Raumes und in seine großen Gesetze. In die Luft, die es umgab, mußte man es wie in eine Nische hineinpassen und ihm so eine Sicherheit geben, einen Halt und eine Hoheit, die aus seinem einfachen Dasein, nicht aus seiner Bedeutung kam.

Rodin wußte, daß es zunächst auf eine unfehlbare Kenntnis des menschlichen Körpers ankam. Langsam, forschend war er bis zu seiner Oberfläche vorgeschritten, und nun streckte sich von Außen eine Hand entgegen, welche diese Oberfläche von der anderen Seite ebenso genau bestimmte und begrenzte, wie sie es von Innen war. Je weiter er ging auf seinem entlegenen Wege, desto mehr blieb der Zufall zurück, und ein Gesetz führte ihn dem anderen zu. Und schließlich war es diese Oberfläche, auf die seine Forschung sich wandte. Sie bestand aus unendlich vielen Begegnungen des Lichtes mit dem Dinge, und es zeigte sich, daß jede dieser Begegnungen anders war und jede merkwürdig. An dieser Stelle schienen sie einander aufzunehmen, an jener sich zögernd zu begrüßen, an einer dritten fremd an einander vorbeizugehen; und es gab Stellen ohne Ende und keine, auf der nicht etwas geschah. Es gab keine Leere.

In diesem Augenblick hatte Rodin das Grundelement seiner Kunst entdeckt, gleichsam die Zelle seiner Welt. Das war die Fläche, diese verschieden große, verschieden betonte, genau bestimmte Fläche, aus der alles gemacht werden mußte. Von da ab war sie der Stoff seiner Kunst, das, worum er sich mühte, wofür er wachte und litt. Seine Kunst baute sich nicht auf eine große Idee auf, sondern auf eine kleine gewissenhafte Verwirklichung, auf das Erreichbare, auf ein Können. Es war kein Hochmut in ihm. Er schloß sich an diese unscheinbare und schwere Schönheit an, an die, die er noch überschauen, rufen und richten konnte. Die andere, die große, mußte kommen, wenn alles fertig war, so wie die Tiere zur Tränke kommen, wenn die Nacht sich vollendet hat und nichts Fremdes mehr an dem Walde haftet.

Mit dieser Entdeckung begann Rodins eigenste Arbeit. Nun erst waren alle die herkömmlichen Begriffe der Plastik für ihn wertlos geworden. Es gab weder Pose, noch Gruppe, noch Komposition. Es gab nur unzählbar viele lebendige Flächen, es gab nur Leben, und das Ausdrucksmittel, das er sich gefunden hatte, ging gerade auf dieses Leben zu. Nun hieß es seiner und seiner Fülle mächtig zu werden. Rodin erfaßte das Leben, das überall war, wohin er sah. Er erfaßte es an den kleinsten Stellen, er beobachtete es, er ging ihm nach. Er erwartete es an den Übergängen, wo es zögerte, er holte es ein, wo es lief, und er fand es an allen Orten gleich groß, gleich mächtig und hinreißend. Da war kein Teil des Körpers unbedeutend oder gering: er lebte. Das Leben, das in den Gesichtern wie auf Zifferblättern stand, leicht ablesbar und voll Bezug auf die Zeit, – in den Körpern war es zerstreuter, größer, geheimnisvoller und ewiger. Hier verstellte es sich nicht, hier ging es nachlässig, wo es nachlässig war, und stolz bei den Stolzen; zurücktretend von der Bühne des Angesichtes, hatte es die Maske abgenommen und stand, wie es war, hinter den Kulissen der Kleider. Hier fand er die Welt seiner Zeit, wie er jene des Mittelalters an den Kathedralen erkannt hatte: versammelt um ein geheimnisvolles Dunkel, zusammengehalten von einem Organismus, an ihn angepaßt und ihm dienstbar gemacht. Der Mensch war zur Kirche geworden und es gab tausend und tausend Kirchen, keine der anderen gleich und jede lebendig. Aber es galt zu zeigen, daß sie alle eines Gottes waren.

Jahre und Jahre ging Rodin auf den Wegen dieses Lebens als ein Lernender und Demütiger, der sich als Anfänger fühlte. Niemand wußte von seinen Versuchen, er hatte keinen Vertrauten und wenig Freunde. Hinter der Arbeit, die ihn nährte, verbarg sich sein werdendes Werk und erwartete seine Zeit. Er las viel. Man war gewohnt, ihn in Brüssels Straßen immer mit einem Buche in der Hand zu sehen, aber vielleicht war dieses Buch oft nur ein Vorwand für das Vertieftsein in sich selbst, in die ungeheuere Aufgabe, die ihm bevorstand. Wie allen Tätigen war auch ihm das Gefühl, eine unabsehbare Arbeit vor sich zu haben, ein Antrieb, etwas – seine Kräfte vermehrte und versammelte. Und kamen Zweifel, kamen Ungewißheiten, kam die große Ungeduld der Werdenden zu ihm, die Furcht eines frühen Todes oder die Drohung der täglichen Not, so fand das alles in ihm schon einen stillen, aufrechten Widerstand, einen Trotz, eine Stärke und Zuversicht, alle die noch nicht entfalteten Fahnen eines großen Sieges. Vielleicht war es die Vergangenheit, die in solchen Momenten auf seine Seite trat, die Stimme der Kathedralen, die er immer wieder hören ging. Auch aus den Büchern kam vieles was ihm zustimmte. Er las zum ersten Male Dantes Divina Comedia. Es war eine Offenbarung. Er sah die leidenden Leiber eines anderen Geschlechtes vor sich, sah, über alle Tage fort, ein Jahrhundert, dem die Kleider abgerissen waren, sah das große und unvergeßliche Gericht eines Dichters über seine Zeit. Da waren Bilder, die ihm recht gaben, und wenn er von den weinenden Füßen Nikolaus des Dritten las, so wußte er schon, daß es weinende Füße gab, daß es ein Weinen gab, das überall war, über einem ganzen Menschen, und Tränen, die aus allen Poren traten. Und von Dante kam er zu Baudelaire. Hier war kein Gericht, kein Dichter, der an der Hand eines Schattens zu den Himmeln stieg, ein Mensch, einer von den Leidenden hatte seine Stimme erhoben und hielt sie hoch über die Häupter der anderen empor, wie um sie zu retten vor einem Untergang. Und in diesen Versen gab es Stellen, die heraustraten aus der Schrift, die nicht geschrieben, sondern geformt schienen, Worte und Gruppen von Worten, die geschmolzen waren in den heißen Händen des Dichters, Zeilen, die sich wie Reliefs anfühlten, und Sonette, die wie Säulen mit verworrenen Kapitälen die Last eines bangen Gedankens trugen. Er fühlte dunkel, daß diese Kunst, wo sie jäh aufhörte, an den Anfang einer anderen stieß, und daß sie sich nach dieser anderen gesehnt hatte; er fühlte in Baudelaire einen, der ihm vorangegangen war, einen, der sich nicht von den Gesichtern hatte beirren lassen und der nach den Leibern suchte, in denen das Leben größer war, grausamer und ruheloser.

Seit jenen Tagen blieben diese beiden Dichter ihm immer nah, er dachte über sie hinaus und kehrte zu ihnen zurück. In jener Zeit, wo seine Kunst sich formte und vorbereitete, wo alles Leben, das sie lernte, namenlos war und nichtsbedeutete, gingen Rodins Gedanken in den Büchern der Dichter umher und holten sich dort eine Vergangenheit. Später, als er als Schaffender diese Stoffkreise wieder berührte, da stiegen ihre Gestalten wie Erinnerungen aus seinem eigenen Leben, weh und wirklich, in ihm auf und gingen in sein Werk wie in eine Heimat ein.

Endlich nach Jahren einsamer Arbeit machte er den Versuch, mit einem Werke hervorzutreten. Es war eine Frage an die Öffentlichkeit. Die Öffentlichkeit antwortete verneinend. Und Rodin verschloß sich abermals für dreizehn Jahre. Es waren die Jahre, in denen er, immer noch als Unbekannter, zum Meister ausreifte, zum unumschränkten Beherrscher seiner eigenen Mittel, immerfort arbeitend, denkend, versuchend, unbeeinflusst der Zeit, die an ihm nicht teilnahm. Vielleicht gab ihm der Umstand, daß seine ganze Entwickelung in dieser ungestörten Stille vor sich gegangen war, später, als man um ihn stritt, als man seinem Werk widersprach, jene gewaltige Sicherheit. Da, als man anfing an ihm zu zweifeln, hatte er keinen Zweifel mehr an sich selbst. Das alles lag hinter ihm. Nicht mehr von dem Zuruf und dem Urteil der Menge hing sein Schicksal ab, es war schon entschieden, als man meinte, es mit Spott und Feindseligkeit vernichten zu können. In der Zeit, als er wurde, klang keine fremde Stimme zu ihm, kein Lob, das ihn hätte irremachen, kein Tadel, der ihn hätte verwirren können. Wie Parzival heranwächst, so wuchs sein Werk in Reinheit heran, allein mit sich und mit einer großen ewigen Natur. Nur seine Arbeit sprach zu ihm. Sie sprach zu ihm des Morgens beim Erwachen, und des Abends klang sie lange in seinen Händen nach wie in einem fortgelegten Instrumente. Darum war sein Werk so unüberwindlich: weil es erwachsen zur Welt kam; nicht mehr als werdendes erschien es, das um seine Berechtigung bat, sondern als Wirklichkeit, die sich durchgesetzt hat, die da ist, mit der man rechnen muß. Wie ein König, der hört, daß in seinem Reiche eine Stadt gebaut werden soll, überlegt, ob es gut sei, das Privileg zu gewähren, zögert und endlich aufbricht, die Stelle zu besehen; er kommt hin und findet eine große gewaltige Stadt, die fertig ist, steht, steht wie von Ewigkeit her mit Mauern, Türmen und Toren: so kam die Menge, als man sie schließlich rief, zu dem Werke Rodins, das fertig war.

Diese Periode des Reifwerdens ist begrenzt durch zwei Werke. An ihrem Anfang steht der Kopf des *Mannes mit der gebrochenen Nase*, an ihrem Ende die Gestalt des jungen Mannes, des *Mannes der ersten Zeiten*, wie Rodin ihn genannt hat. Der *Homme au nez cassé* wurde im Jahre 1864 vom >Salon< zurückgewiesen. Man begreift das sehr gut, denn man fühlt, daß in diesem Werke Rodins Art schon ganz ausgereift war, ganz vollendet und sicher; mit der Rücksichtslosigkeit eines großen Bekenntnisses widersprach es den Anforderungen der akademischen Schönheit, die noch immer die allein herrschende war. Umsonst hatte Rude seiner Göttin des Aufruhrs auf dem Triumphtor der place de l' Etoile die wilde Gebärde gegeben und den weiten Schrei, umsonst hatte Barye seine geschmeidigen Tiere geschaffen, und den >Tanz< Carpeaux' hatte man nur verhöhnt um sich schließlich so weit an ihn zu gewöhnen, daß man ihn nichtmehr sah. Es war alles beim alten geblieben. Die Plastik, die betrieben wurde, war immer noch die der Modelle, der Posen und der Allegorieen, das leichte, billige und gemächliche Metier, das mit der mehr oder weniger geschickten Wiederholungen von einigen sanktionierten Gebärden auskam. In dieser Umgebung hätte schon der Kopf des Mannes mit der gebrochenen Nase jenen Sturm erregen müssen, der erst bei späteren Werken Rodins losbrach. Aber wahrscheinlich hat man ihn, als die Arbeit eines Unbekannten, fast unbesehen wieder zurückgeschickt.

Man fühlt, was Rodin anregte, diesen Kopf zu formen, den Kopf eines alternden, häßlichen Mannes, dessen gebrochene Nase den gequälten Ausdruck des Gesichtes noch verstärken half; es war die Fülle von Leben, die in diesen Zügen versammelt war; es war der Umstand, daß es auf diesem Gesichte gar keine symmetrischen Flächen gab, daß nichts sich wiederholte, daß keine Stelle leer geblieben war, stumm oder gleichgültig. Dieses Gesicht war nicht vom Leben berührt worden, es war um und um davon angetan, als hätte eine unerbittliche Hand es in das Schicksal hineingehalten wie in die Wirbel eines waschenden, nagenden Wassers. Wenn man diese Maske in Händen hält und dreht, ist man überrascht über den fortwährenden Wechsel der Profile, von denen keines zufällig ist, ratend oder unbestimmt. Es giebt an diesem Kopf keine Linie, keine Überschneidung, keinen Kontur, den Rodin nicht gesehen und gewollt hat. Man glaubt zu fühlen, wie einige von diesen Furchen früher kamen, andere später, wie zwischen dem und jenem Riß, der durch die Züge geht, Jahre hegen, bange Jahre, man weiß, daß von den Zeichen dieses Gesichtes einige langsam eingeschrieben wurden, gleichsam zögernd, daß andere erst leise vorgezeichnet waren und von einer Gewohnheit oder einem Gedanken, der immer wiederkam, nachgezogen wurden, und man erkennt jene scharfen Scharten, die in einer Nacht entstanden sein mußten, wie vom Schnabel eines Vogels hineingehackt in die überwache Stirne eines Schlaflosen. Man muß sich mühsam erinnern, daß alles das auf dem Raume eines Gesichtes steht, so viel schweres, namenloses Leben erhebt sich aus diesem Werke. Legt man die Maske vor sich nieder, so meint man auf der Höhe eines Turmes zu stehen und auf ein unebenes Land herabzusehen, über dessen wirre Wege viele Völker gezogen sind. Und hebt man sie wieder auf, so hält man ein Ding, das man schön nennen muß um seiner Vollendung willen. Aber nicht aus der unvergleichlichen Durchbildung allein ergiebt sich diese Schönheit. Sie entsteht aus der Empfindung des Gleichgewichts, des Ausgleichs aller dieser bewegten Flächen untereinander, aus der Erkenntnis dessen, daß alle diese Erregungsmomente in dem Dinge selbst ausschwingen und zu Ende gehen. War man eben noch ergriffen von der vielstimmigen Qual dieses Angesichtes, so fühlt man gleich darauf, daß keine Anklage davon ausgeht. Es wendet sich nicht an die Welt; es scheint seine Gerechtigkeit in sich zu tragen, die Aussöhnung aller seiner Widersprüche und eine Geduld, groß genug für alle seine Schwere.

Als Rodin diese Maske schuf, hatte er einen ruhig sitzenden Menschen vor sich und ein ruhiges Gesicht. Aber es war das Gesicht eines Lebendigen und als er es durchforschte, da zeigte sich, daß es voll von Bewegung war, voll von Unruhe und Wellenschlag. In dem Verlauf der Linien war Bewegung, Bewegung war in der Neigung der Flächen, die Schatten rührten sich wie im Schlafe, und leise schien das Licht an der Stirne vorbeizugehen. Es gab also keine Ruhe, nicht einmal im Tode; denn mit dem Verfall, der auch Bewegung ist war selbst das Tote dem Leben noch untergeordnet. Es gab nur Bewegung in der Natur; und eine Kunst, die eine gewissenhafte und gläubige Auslegung des Lebens geben wollte, durfte nicht jene Ruhe, die es nirgends gab, zu ihrem Ideale machen. In Wirklichkeit hat auch die Antike nichts von einem solchen Ideal gewußt. Man mußte nur an die Nike denken. Diese Skulptur hat uns nicht nur die Bewegung eines schönen Mädchens überliefert, das seinem Geliebten entgegengeht, sie ist zugleich ein ewiges Bildnis griechischen Windes, seiner Weite und Herrlichkeit. Und sogar die Steine älterer Kulturen waren nicht ruhig. In die hieratisch verhaltene Gebärde uralter Kulte war die Unruhe lebendiger Flächen eingeschlossen, wie Wasser in die Wände des Gefäßes. Es waren Strömungen in den verschlossenen Göttern, welche saßen, und in den stehenden war eine Gebärde, die wie eine Fontäne aus dem Steine stieg und wieder in denselben zurückfiel, ihn mit vielen Wellen erfüllend. Nicht die Bewegung war es, die dem Sinne der Skulptur (und das heißt einfach dem Wesen des Dinges) widerstrebte; es war nur die Bewegung, die nicht zu Ende geht, die nicht von anderen im Gleichgewicht gehalten wird, die hinausweist über die Grenzen des Dinges. Das plastische Ding gleicht jenen Städten der alten Zeit, die ganz in ihren Mauern lebten: die Bewohner hielten deshalb nicht ihren Atem an und die Gebärden ihres Lebens brachen nicht ab. Aber nichts drang über die Grenzen des Kreises, der sie umgab, nichts war jenseits davon, nichts zeigte aus den Toren hinaus und keine Erwartung war offen nach außen. Wie groß auch die Bewegung eines Bildwerkes sein mag, sie muß, und sei es aus unendlichen Weiten, sei es aus der Tiefe des Himmels, sie muß zu ihm zurückkehren, der große Kreis muß sich schließen, der Kreis der Einsamkeit, in der ein Kunst-Ding seine Tage verbringt. Das war das Gesetz, welches, ungeschrieben, lebte in den Skulpturen vergangener Zeiten. Rodin erkannte es. Was die Dinge auszeichnet, dieses Ganz-mit-sich-Beschäftigtsein, das war es, was einer Plastik ihre Ruhe gab; sie durfte nichts von außen verlangen oder erwarten, sich auf nichts beziehen, was draußen lag, nichts sehen, was nicht in ihr war. Ihre Umgebung mußte , in ihr liegen. Es war der *Bildhauer* Lionardo, der der Gioconda die Unnahbarkeit gegeben hat, diese Bewegung, die nach innen geht, dieses Schauen, dem man nicht begegnen kann. Wahrscheinlich wird sein Franzeico Sforza ebenso gewesen sein, von einer Gebärde bewegt, die, gleich einem stolzen Gesandten seines Staates mach vollbrachtem Auftrag, zu ihm zurückkehrte.

In den langen Jahren, die zwischen der Maske des *Homme au nez cassé* und jener Figur des *Mannes der ersten Zeiten* vergingen, vollzogen sich viele stille Entwickelungen in Rodin. Neue Beziehungen verbanden ihn fester mit der Vergangenheit seiner Kunst. Diese Vergangenheit und ihre Größe, an der so viele wie an einer Last getragen hatten, ihm wurde sie der Flügel, der ihn trug Denn wenn er in jener Zeit je eine Zustimmung empfangen hat, eine Bestärkung dessen, was er wollte und suchte, so kam sie von den Dingen der Antike und aus dem faltigen Dunkel der Kathedralen. Menschen redeten nicht zu ihm. Steine sprachen.

Der *Homme au nez cassé* hatte geoffenbart, wie Rodin den Weg durch ein Gesicht zu gehen wußte, der Mann der ersten Zeiten bewies seine unumschränkte Herrschaft über den Körper. >Souverain tailleur d' ymaiges<, dieser Titel. den die Meister des Mittelalters einander in neidloser ernster Wertung gaben, kam ihm zu. Hier war ein lebensgroßer Akt, auf dessen allen Stellen das Leben nicht nur gleich mächtig war, es schien auch überall zur Höhe desselben Ausdrucks erhoben zu sein. Was im Gesichte stand, dieselbe Schmerzhaftigkeit eines schweren Erwachens und zugleich diese Sehnsucht nach dem Schweren, war auf dem kleinsten Teil dieses Körpers geschrieben; jede Stelle war ein Mund, der es sagte, in seiner Art. Das strengste Auge konnte an dieser Figur keinen Platz entdecken, der weniger lebendig, weniger bestimmt und klar gewesen wäre. Es war, als stiege in die Adern dieses Mannes Kraft aus den Tiefen der Erde. Das war die Silhouette eines Baumes, der die Märzstürme noch vor sich hat und bange ist, weil die Frucht und Fülle seines Sommers nicht mehr in den Wurzeln wohnt, sondern schon, langsam steigend, im Stamme steht, um den die großen Winde jagen werden.

Diese Gestalt ist auch noch in anderem Sinne bedeutsam. Sie bezeichnet im Werke Rodins die Geburt der Gebärde. Jene Gebärde, die wuchs und sich allmählich zu solcher Größe und Gewalt entwickelte, hier entsprang sie wie eine Quelle, welche leise an diesem Leibe niederrann. Sie erwachte im Dunkel der ersten Zeiten und sie scheint, in ihrem Wachsen, durch die Weite dieses Werkes wie durch alle Jahrtausende zu gehen, weit über uns hinaus zu denen, die kommen werden. Zögernd entfaltet sie sich in den erhobenen Armen; und diese Arme sind noch so schwer, daß die Hand des einen schon wieder ausruht auf der Höhe des Hauptes. Aber sie schläft nichtmehr, sie sammelt sich; ganz hoch oben auf dem Gipfel des Gehirnes, wo es einsam ist, bereitet sie sich vor auf die Arbeit, auf die Arbeit der Jahrhunderte, die nicht Absehn noch Ende hat. Und in dem rechten Fuße steht wartend ein erster Schritt.

Man könnte von dieser Gebärde sagen, daß sie wie in einer harten Knospe eingeschlossen ruht. Eines Gedankens Glut und ein Sturm im Willen – sie öffnet sich und es entsteht jener *Johannes* mit den redenden, erregten Armen, mit dem großen Gehen dessen, der einen Anderen hinter sich kommen fühlt. Der Körper dieses Mannes ist nichtmehr unerprobt: die Wüsten haben ihn durchglüht, der Hunger hat ihm weh getan, und alle Dürste haben ihn geprüft. Er hat bestanden und ist hart geworden. Sein hagerer Asketenleib ist wie ein Holzgriff in dem die weite Gabel seines Schrittes steckt. Er geht. Er geht, als wären alle Weiten der Welt in ihm und als teilte er sie aus mit seinem Gehen. Er geht. Seine Arme sagen von diesem Gang und seine Finger spreizen sich und scheinen in der Luft das Zeichen des Schreitens zu machen.

Dieser *Johannes* ist der erste Gehende im Werke Rodins. Es kommen viele nach. Es kommen die *Bürger von Calais*, die ihren schweren Gang beginnen, und alles Gehen scheint vorzubereiten auf den großen herausfordernden Schritt des *Balzac*.

Aber auch die Gebärde des Stehenden entwickelt sich weiter, sie schließt sich, sie rollt sich zusammen wie brennendes Papier, sie wird stärker, geschlossener, erregter. So ist jene Figur der *Eva*, die ursprünglich bestimmt war, über dem *Höllentor* zu stehen. Der Kopf senkt sich tief in das Dunkel der Arme, die sich über der Brust zusammenziehen wie bei einer Frierenden. Der Rücken ist gerundet, der Nacken fast horizontal, die Haltung vorgebogen wie zu einem Lauschen über dem eigenen Leibe, in dem eine fremde Zukunft sich zu rühren beginnt. Und es ist, als wirkte die Schwerkraft dieser Zukunft auf die Sinne des Weibes und zöge sie herab aus dem zerstreuten Leben in den tiefen demütigen Knechtdienst der Mutterschaft.

Immer und immer wieder kam Rodin bei seinen Akten auf dieses Sich-nach-innen-Biegen zurück, auf dieses angestrengte Horchen in die eigene Tiefe; so ist die wundervolle Gestalt, die er *La Méitation* genannt hat, so ist jene unvergeßliche *Voix intérieure*, die leiseste Stimme Victor Hugo'scher Gesänge, die auf dem Denkmal des Dichters fast verborgen unter der Stimme des Zornes steht. Niemals ist ein menschlicher Körper so um sein Inneres versammelt gewesen, so gebogen von seiner eigenen Seele und wieder zurückgehalten von seines Blutes elastischer Kraft. Und wie auf dem tief seitwärts gesenkten Leibe der Hals sich ein wenig aufrichtet und streckt und den horchenden Kopf über das ferne Rauschen des Lebens hält, das ist so eindringlich und groß empfunden, daß man sich keiner ergreifenderen und verinnerlichteren Gebärde zu erinnern weiß. Es fällt auf, daß die Arme fehlen. Rodin empfand sie in diesem Fall als eine zu leichte Lösung seiner Aufgabe, als etwas, was nicht zu dem Körper gehört, der sich in sich selber hüllen wollte, ohne fremde Hülfe. Man kann an die Duse denken, wie sie in einem Drama d'Annunzio's, schmerzhaft verlassen, ohne Arme zu umarmen versucht und zu halten ohne Hände. Diese Szene, in der ihr Körper eine Liebkosung lernte, die weit über ihn hinausging, gehört zu den Unvergeßlichkeiten ihres Spieles. Es vermittelte den Eindruck, daß die Arme ein Überfluß waren, ein Schmuck, eine Sache der Reichen und der Unmäßigen, die man von sich werfen konnte, um ganz arm zu sein. Nicht als hätte sie Wichtiges eingebüßt, wirkte sie in diesem Augenblick; eher wie einer, der seinen Becher verschenkt, um aus dem Bache zu trinken, wie ein Mensch, der nackt ist und noch ein wenig hülflos in seiner tiefen Blöße. So ist es auch bei den armlosen Bildsäulen Rodins; es fehlt nichts Notwendiges. Man steht vor ihnen als vor etwas Ganzem, Vollendetem, das keine Ergänzung zuläßt. Nicht aus dem einfachen Schauen kommt das Gefühl des Unfertigen, sondern aus der umständlichen Überlegung,, aus der kleinlichen Pedanterie, welche sagt, daß zu einem Körper Arme gehören und daß ein Körper ohne Arme nicht ganz sein könne, auf keinen Fall. Es ist nicht lange her, da lehnte man sich in derselben Weise gegen die vom Bildrande abgeschnittenen Bäume der Impressionisten auf man, hat sich sehr rasch an diesen Eindruck gewöhnt, man hat, für den Maler wenigstens, einsehen und glauben gelernt, daß ein künstlerisches Ganzes nicht notwendig mit dem gewöhnlichen Ding-Ganzen zusammenfallen muß, daß, unabhängig davon, innerhalb des Bildes neue Einheiten entstehen, neue Zusammenschlüsse, Verhältnisse und Gleichgewichte. Es ist in der Skulptur nicht anders. Dem Künstler steht es zu, aus vielen Dingen eines zu machen und aus dem kleinsten Teil eines Dinges eine Welt. Es giebt im Werke Rodins Hände, selbständige, kleine Hände, die, ohne zu irgend einem Körper zu gehören, lebendig sind. Hände, die sich aufrichten, gereizt und böse, Hände, deren fünf gesträubte Finger zu bellen scheinen wie die fünf Hälse eines Höllenhundes. Hände, die gehen, schlafende Hände, und Hände, welche erwachen; verbrecherische, erblich belastete Hände und solche, die müde sind, die nichts mehr wollen, die sich niedergelegt haben in irgend einen Winkel, wie kranke Tiere, welche wissen, daß ihnen niemand helfen kann. Aber Hände sind schon ein komplizierter Organismus, ein Delta, in dem viel fernherkommendes Leben zusammenfließt, um sich in den großen Strom der Tat zu ergießen. Es giebt eine Geschichte der Hände, sie haben tatsächlich ihre eigene Kultur, ihre besondere Schönheit; man gesteht ihnen das

Recht zu, eine eigene Entwickelung zu haben, eigene Wünsche, Gefühle, Launen und Liebhabereien. Rodin aber, der durch die Erziehung, die er sich gegeben hat, weiß, daß der Körper aus lauter Schauplätzen des Lebens besteht, eines Lebens, das auf jeder Stelle individuell und groß werden kann, hat die Macht, irgendeinem Teil dieser weiten schwingenden Fläche die Selbständigkeit und Fülle eines Ganzen zu geben. Wie der menschliche Körper für Rodin nur so lange ein Ganzes ist, als eine gemeinsame (innere oder äußere) Aktion alle seine Glieder und Kräfte im Aufgebot hält, so ordnen sich ihm andererseits auch Teile verschiedener Leiber, die aus innerer Notwendigkeit aneinander haften, zu einem Organismus ein. Eine Hand, die sich auf eines anderen Schulter oder Schenkel legt, gehört nichtmehr ganz zu dem Körper, von dem sie kam: aus ihr und dein Gegenstand, den sie berührt oder packt, entsteht ein neues Ding, ein Ding mehr, das keinen Namen hat und niemandem gehört; und um dieses Ding, dass seine bestimmten Grenzen hat, handelt es sich nun. Diese Erkenntnis ist die Grundlage für die Gruppierung der Gestalten bei Rodin; aus ihr kommt jenes unerhörte Aneinander-Gebunden-Sein der Figuren, jenes Zusammenhalten der Formen, jenes Sich-Nicht-Loslassen, um keinen Preis. Er geht nicht von den Figuren aus, die sich umfassen, er hat keine Modelle, die er anordnet und zusammenstellt. Er fängt bei den Stellen der stärksten Berührung als bei den Höhepunkten des Werkes an; dort, wo etwas Neues entsteht, setzt er ein und widmet alles Wissen seines Werkzeugs den geheimnisvollen Erscheinungen, die das Werden eines neuen Dinges begleiten. Er arbeitet gleichsam beim Schein der Blitze, die an diesen Punkten entstehen, und sieht nur diejenigen Teile der ganzen Körper, die beschienen sind. Der Zauber der großen Gruppe des Mädchens und des Mannes, die *Der Kuß* genannt wird, liegt in dieser weisen und gerechten Verteilung des Lebens; man hat das Gefühl als gingen hiervon allen Berührungsflächen Wellen in die Körper hinein, Schauer von Schönheit, Ahnung und Kraft. Daher kommt es, daß man die Seligkeit dieses Kusses überall auf diesen Leibern zu schauen glaubt; er ist wie eine Sonne, die aufgeht, und sein Licht liegt überall. Aber noch wunderbarer ist jener andere Kuß, um den sich, wie die Mauer um einen Garten, jenes Werk erhebt, welches *Éternelle Idole* heißt. Eine der Wiederholungen dieses Marmors ist im Besitze Eugène Carrières, und in der stillen Dämmerung seines Hauses lebt dieser klare Stein wie ein

Quell, in dem immer dieselbe Bewegung ist, derselbe Aufstieg und Niederfall verzauberter Kraft. Ein Mädchen kniet. Ihr schöner Leib hat sich sanft zurückgelehnt. Ihr rechter Arm hat sich nach hinten gestreckt, und ihre Hand hat tastend ihren Fuß gefunden. In diese drei Linien, aus denen kein Weg hinausführt in die Welt, schließt sich ihr Leben mit seinem Geheimnis ein. Der Stein unter ihr hebt sie empor, wie sie so kniet. Und man glaubt plötzlich in der Haltung, in die dieses junge Mädchen aus Trägheit, aus Träumerei oder aus Einsamkeit verfiel, eine uralte heilige Gebärde zu erkennen, in welche die Göttin ferner, grausamer Kulte versunken war. Der Kopf dieses Weibes neigt sich ein wenig vor; mit einem Ausdruck von Nachsicht, Hoheit und Geduld, sieht sie, wie aus der Höhe einer stillen Nacht, auf den Mann hinab, der sein Gesicht in ihre Brust versenkt wie in viele Blüten. Auch er kniet, aber tiefer, tief im Stein. Seine Hände liegen hinter ihm, wie wertlose und leere Dinge. Die Rechte ist offen; man sieht hinein. Von dieser Gruppe geht eine geheimnisvolle Größe aus. Man wagt (wie so oft bei Rodin) nicht, ihr eine Bedeutung zu geben. Sie hat tausende. Wie Schatten gehn die Gedanken über sie und hinter jedem steigt sie neu und rätselhaft auf in ihrer Klarheit und Namenlosigkeit.

Etwas von der Stimmung eines Purgatorio lebt in diesem Werke. Ein Himmel ist nah, aber er ist noch nicht erreicht; eine Hölle ist nah, aber sie ist noch nicht vergessen. Auch hier strahlt aller Glanz von der Berührung aus; von der Berührung der beiden Körper und von der Berührung des Weibes mit sich selbst.

Und nichts anderes als eine immer neue Ausgestaltung des Themas von der Berührung lebendiger und bewegter Flächen, ist jene gewaltige *Porte de l'Enfer*, an der Rodin seit zwanzig Jahren einsam gearbeitet hat und deren Guß nun bevorsteht. Gleichzeitig im Erforschen der Bewegung von Flächen und ihrer Vereinigung fortschreitend, kam Rodin dazu, Körper zu suchen die sich mit vielen Stellen berührten, Körper, deren Berührungen heftiger waren, stärker, ungestümer. Je mehr Berührungspunkte zwei Körper einander boten, je ungeduldiger sie aufeinander zustürzten, gleich chemischen Stoffen von großer Verwandtschaft, desto fester und organischer hielt das neue Ganze, das sie bildeten, zusammen. Erinnerungen aus

Dante tauchten auf. Ugolino, und die Wandernden selbst, Dante und Virgil aneinandergedrängt, das Gewühl der Wollüstigen, aus dem, wie ein verdorrter Baum, die greifende Gebärde des Geizigen ragte. Die Zentauren, die Riesen und Ungeheuer, Sirenen, Faune und Weiber von Faunen, alle die wilden und reißenden Gott-Tiere des vorchristlichen Waldes kamen auf ihm zu. Und er schuf. Er verwirklichte alle die Gestalten und Formen des Dantischen Traumes, hob sie empor, wie aus der bewegten Tiefe eigener Erinnerungen und gab ihnen, einem nach dem anderen, des Dingseins leise Erlösung. Hunderte von Figuren und Gruppen entstanden auf diese Art. Aber die Bewegungen, die er in den Worten des Dichters fand, gehörten einer anderen Zeit; sie erweckten in dem Schaffenden, der sie auferstehen ließ, das Wissen von, tausend anderen Gebärden, Gebärden des Greifens, Verlierens, Leidens und Lassens, die inzwischen entstanden waren, und seine Hände, die keine Ermüdung kannten, gingen weiter und weiter, über die Welt des Florentiners hinaus zu immer neuen Gesten und Gestalten.

Dieser ernste, gesammelte Arbeiter, der nie nach Stoffen gesucht hatte und keine andere Erfüllung wollte, als die, welche seinem immer reiferen Werkzeug erreichbar war, kam auf diesem Wege durch alle Dramen des Lebens: jetzt tat sich ihm die Tiefe der Liebesnächte auf, die dunkle lust- und kummervolle Weite, in der es, wie in einer noch immer heroischen Welt, keine Kleider gab, in der die Gesichter verlöscht waren und die Leiber galten. Er kam mit weißglühenden Sinnen, als ein Suchender des Lebens, in die große Wirrnis dieses Ringens und was er sah war: Leben. Es wurde nicht eng um ihn, klein und schwül. Es wurde weit. Die Atmosphäre der Alkoven war fern. Hier war das Leben, war tausendmal in jeder Minute, war in Sehnsucht und Weh, in Wahnsinn und Angst, in Verlust und Gewinn. Hier war ein Verlangen, das unermeßlich war, ein Durst so groß, daß alle Wasser der Welt in ihm wie ein Tropfen vertrockneten, hier war kein Lügen und Verleugnen, und die Gebärden von Geben und Nehmen, hier waren sie echt und groß. Hier waren die Laster und die Lästerungen, die Verdammnisse und die Seligkeiten, und man begriff auf einmal, daß eine Welt arm sein mußte, die das alles verbarg und vergrub und tat, als ob es nicht wäre. Es war. Neben der ganzen Geschichte der Menschheit ging diese andere Historie her, die keine Verkleidungen kannte, keine

Konventionen, keine Unterschiede und Stände, – nur Kampf. Auch sie hatte ihre Entwickelung gehabt. Sie war aus einem Trieb eine Sehnsucht geworden, aus einer Begierde zwischen Mann und Weib ein Begehren von Mensch zu Mensch. Und so erscheint sie im Werke Rodins – Noch ist es die ewige Schlacht der Geschlechter, aber das Weib ist nichtmehr das überwältigte oder das willige Tier. Sie ist sehnsüchtig und wach wie der Mann, und es ist, als hätten sie sich zusammengetan, um beide nach ihrer Seele zu suchen. Der Mensch, der nachts aufsteht und leise zu einem anderen geht, ist wie ein Schatzgräber, der das große Glück, das so notwendig ist, ergraben will am Kreuzweg des Geschlechts. Und in allen Lastern, in allen Lüsten wider die Natur, in allen diesen verzweifelten und verlorenen Versuchen, dem Dasein einen unendlichen Sinn zu finden, ist etwas von jener Sehnsucht, die die großen Dichter macht. Hier hungert die Menschheit über sich hinaus. Hier strecken sich Hände aus nach der Ewigkeit. Hier öffnen sich Augen, schauen den Tod und fürchten ihn nicht; hier entfaltet sich ein hoffnungsloses Heldentum, dessen Ruhm wie ein Lächeln kommt und geht und wie eine Rose blüht und bricht. Hier sind die Stürme des Wunsches und die Windstillen der Erwartung; hier sind Träume, die zu Taten werden, und Taten, die in Träumen vergehen. Hier wird, wie in einer Riesenspielbank, ein Vermögen von Kraft gewonnen oder verloren. Das alles steht in dem Werke Rodins. Er, der schon durch soviel Leben gegangen war, hier fand er des Lebens Fülle und Überfluß. Die Körper, an denen jede Stelle Wille war, die Munde, die die Form von Schreien hatten, welche aus den Tiefen der Erde zu steigen schienen. Er fand die Gebärden der Urgötter, die Schönheit und Geschmeidigkeit der Tiere, den Taumel alter Tänze und die Bewegungen vergessener Gottesdienste seltsam verbunden mit den neuen Gebärden, die entstanden waren in der langen Zeit, während welcher die Kunst abgewendet war und allen diesen Offenbarungen blind. Diese neuen Gebärden waren ihm besonders interessant. Sie waren ungeduldig. Wie einer, der lange nach einem Gegenstand sucht, immer ratloser wird, zerstreuter und eiliger, und um sich herum eine Zerstörung schafft, eine Anhäufung von Dingen, die er aus ihrer Ordnung zieht, als wollte er sie zwingen mitzusuchen, so sind die Gebärden der Menschheit, die ihren Sinn nicht finden kann, ungeduldiger geworden, nervöser, rascher und hastiger. Und alle die durchwühlten Fragen des Daseins liegen um sie her. Aber ihre Bewegungen sind zugleich auch wieder zögernder geworden. Sie haben nichtmehr die gymnastische und entschlossene Gradheit, mit der frühere, Menschen nach allem gegriffen haben. Sie gleichen nicht jenen Bewegungen, die in den alten Bildwerken aufbewahrt sind, den Gesten, bei denen nur der Ausgangspunkt und der Endpunkt wichtig war. Zwischen diese beiden einfachen Momente haben sich unzählige Übergänge eingeschoben, und es zeigte sich, daß gerade in diesen Zwischen-Zuständen das Leben des heutigen Menschen verging, sein Handeln und sein Nicht-handeln-Können. Das Ergreifen war anders geworden, das Winken, das Loslassen und das Halten. In allem war viel mehr Erfahrung und zugleich auch wieder mehr Unwissenheit; viel mehr Mutlosigkeit und ein fortwährendes Angehen gegen Widerstände; viel mehr Trauer um Verlorenes, viel mehr Abschätzung, Urteil, Erwägung und weniger Willkür. Rodin schuf diese Gebärden. Er machte sie aus einer oder aus mehreren Gestalten, formte sie zu Dingen in seiner Art. Er gab Hunderten und Hunderten von Figuren, die nur ein wenig größer waren als seine Hände, das Leben aller Leidenschaften zu tragen, das Blühen aller Lüste und aller Laster Last. Er schuf Körper, die sich überall berührten und zusammenhielten wie ineinander verbissene Tiere, die als ein Ding in die Tiefe fallen; Leiber, die horchten wie Gesichter und ausholten wie Arme; Ketten von Leibern, Gewinde und Ranken, und schwere Trauben von Gestalten, in welche der Sünde Süße stieg aus den Wurzeln des Schmerzes. Gleich machtvoll und überlegen hat nur Lionardo Menschen zusammengefügt in seiner grandiosen Beschreibung des Weltuntergangs. Wie dort, gab es auch hier solche, die sich in den Abgrund warfen, um das große Weh vergessen zu können, und solche, die ihren Kindern die Köpfe zerschlugen, damit sie nicht hineinwüchsen in das große Weh. Das Heer dieser Figuren war viel zu zahlreich geworden, um in den Rahmen und die Türflügel des *Höllen-Tores* hineinzupassen. Rodin wählte und wählte. Er schied alles aus, was zu einsam war, um sich der großen Gesamtheit zu unterwerfen, alles was nicht ganz notwendig war in diesem Zusammenhang. Er ließ die Gestalten und Gruppen selbst sich ihren Platz finden; er beobachtete das Leben des Volkes, das er geschaffen hatte, belauschte es und tat jedem seinen Willen. So erwuchs allmählich die Welt dieses Tores. Seine Fläche, an welche die plastischen Formen angefügt wurden, begann sich zu beleben; mit immer leiser werdenden Reliefs verhallte die Erregung der Figuren in die Fläche hinein. Im Rahmen ist von beiden Seiten ein Aufsteigen, ein Sich-empor-Ziehen und Hoch-Heben, in den Flügeln des Tores ein Fallen, Gleiten und Stürzen die herrschende Bewegung. Die Flügel treten ein wenig zurück, und ihr oberer Rand ist von dem vorspringenden Rand des Querrahmens noch durch eine ziemlich große Fläche getrennt. Vor diese, in den still geschlossenen Raum, ist die Gestalt des *Denkers* gesetzt, des Mannes, der die ganze Größe und alle Schrecken dieses Schauspieles sieht, weil er es denkt. Er sitzt versunken und stumm, schwer von Bildern und Gedanken, und alle seine Kraft (die die Kraft eines Handelnden ist) denkt. Sein ganzer Leib ist Schädel geworden und alles Blut in seinen Adern Gehirn. Er ist der Mittelpunkt des Tores, obwohl noch über ihm auf der Höhe des Rahmens drei Männer stehen. Die Tiefe wirkt auf sie und formt sie aus der Ferne. Sie haben ihre Köpfe zusammengebogen, ihre drei Arme sind vorgestreckt, laufen zusammen und zeigen hinunter auf dieselbe Stelle, in denselben Abgrund, welcher sie niederzieht mit seiner Schwere. Der Denker aber muß sie in sich tragen.

Unter den Gruppen und Bildwerken, die aus Anlaß dieses Tores entstanden sind, giebt es viele von großer Schönheit. Es ist unmöglich, sie alle aufzuzählen, wie es unmöglich ist, sie zu beschreiben. Rodin selbst hat einmal gesagt, er müßte ein Jahr reden, um eines seiner Werke mit Worten zu wiederholen. Man kann nur sagen, daß diese kleinen Bildwerke, welche in Gips, Bronze und Stein erhalten sind, ähnlich wie manche von den kleinen Tierfiguren der Antike den Eindruck ganz großer Dinge machen. Es giebt in Rodins Atelier den Abguß eines kaum handgroßen Panthers griechischer Arbeit (das Original befindet sich im Medaillen-Kabinett der Pariser National-Bibliothek); wenn man unter seinem Leibe durch von vorn in den Raum blickt, der von den vier geschmeidigstarken Tatzen gebildet wird, kann man glauben, in die Tiefe eines indischen Felsentempels zu sehen; so wächst dieses Werk und weitet sich zur Größe seiner Maße. Ähnlich ist es bei den kleinen Plastiken Rodins. Indem er ihnen viele Stellen giebt, unzählbar viele, vollkommene und bestimmte Flächen, macht er sie groß. Die Luft ist um sie wie um Felsen. Wenn in ihnen ein Aufstehn ist, dann scheint es, als hüben sie die Himmel empor, und die Flucht ihres Falles reißt die Sterne mit.

Vielleicht ist damals auch die *Danaide* entstanden, die sich aus dem Knieen niedergeworfen hat in ihr fließendes Haar. Es ist wunderbar, um diesen Marmor langsam herumzugehen: den langen, langen Weg um die reichentfaltete Rundung dieses Rückens, zu dem sich im Stein wie in einem großen Weinen verlierenden Gesicht, zu der Hand, die, wie eine letzte Blume, noch einmal leise vom Leben spricht, tief im ewigen Eise des Blockes. Und die *Illusion, die Tochter des Ikarus,* diese blendende Dingwerdung eines langen hülflosen Falles. Und die schöne Gruppe, die *L'homme et sa pensée* genannt worden ist. Die Darstellung eines Mannes der kniet und, mit seiner Stirne Berührung, aus dem Stein vor ihm die leisen Formen eines Weibes weckt, die an den Stein gebunden bleiben; wenn man hier auslegen will, so mag man sich freuen über den Ausdruck dieser Untrennbarkeit, mit der der Gedanke an des Mannes Stirne haftet: denn es ist immer nur sein Gedanke, der lebt und vor ihm steht; gleich dahinter ist Stein. Verwandt damit ist auch der Kopf, der sich sinnend und still bis zum Kinn aus einem großen Steine löst, der Gedanke, dieses Stück Klarheit, Sein und Gesicht, das sich langsam aus dem schweren Schlafe des dumpf Dauernden erhebt. Und dann die *Karyatide*. Nichtmehr die aufrechte Figur, die leicht oder schwer das Tragen eines Steines erträgt, unter den sie sich doch nur gestellt hat, als er schon hielt; ein weiblicher Akt, knieend, gebeugt, in sich hineingedrückt und ganz geformt von der Hand der Last, deren Schwere wie ein fortwährender Fall in alle Glieder sinkt. Auf jedem kleinsten Teile dieses Leibes liegt der ganze Stein wie ein Wille, der größer war, älter und mächtiger, und doch hat seines Tragens Schicksal nicht aufgehört. Er trägt, wie man im Traum das Unmögliche trägt, und findet keinen Ausweg. Und sein Zusammengesunkensein und Versagen ist immer noch Tragen geblieben, und wenn die nächste Müdigkeit kommt und den Körper ganz niederzwingt ins Liegen, so wird auch das Liegen noch Tragen sein, Tragen ohne Ende. So ist die *Karyatide*.

Man kann, wenn man will, die meisten Werke Rodins mit Gedanken begleiten, erklären und umgeben. Für alle, denen das einfache Schauen ein zu ungewohnter und schwerer Weg zur Schönheit ist, giebt es andere Wege, Umwege über Bedeutungen, die edel sind, groß und voll Gestalt. Es ist, als ob das unendliche Gut- und Richtigsein dieser Akte, das vollkommene Gleichgewicht aller ihrer

Bewegungen, die wunderbare innere Gerechtigkeit ihrer Verhältnisse, ihr Vom-Leben-Durchdrungensein, als ob alles das, was sie zu schönen Dingen macht, ihnen auch die Kraft verliehe, unübertreffliche Verwirklichungen der Stoffe zu sein, die der Meister in die Nähe rief, da er sie benannte. Nie ist ein Stoff bei Rodin an ein Kunst-Ding gebunden, wie ein Tier an einen Baum. Er lebt irgendwo in der Nähe des Dinges und lebt von ihm, etwa wie der Kustos einer Sammlung. Man erfährt manches, wenn man ihn ruft; wenn man es aber versteht, ohne ihn auszukommen, ist man mehr allein und ungestört und erfährt noch mehr.

Wo die erste Anregung vom Stofflichen ausging, wo eine antike Sage, die Stelle eines Gedichtes, eine historische Szene oder eine wirkliche Person Schaffens-Anlaß war, da übersetzt sich, wenn Rodin beginnt, während der Arbeit das Stoffliche immer mehr in Sachliches und Namenloses: in die Sprache der Hände übertragen, haben die Anforderungen, die sich ergeben, alle einen neuen, ganz auf die plastische Erfüllung bezüglichen Sinn.

In den Zeichnungen Rodins geht, vorbereitend, dieses Vergessen und Verwandeln der stofflichen Anregung vor sich. Er hat auch in dieser Kunst seine eigenen Ausdrucksmittel sich erzogen, und das macht diese Blätter (es sind viele Hunderte) zu einer selbständigen und originellen Offenbarung seiner Persönlichkeit.

Da sind zunächst, aus früherer Zeit, Tuschzeichnungen mit überraschend starken Licht- und Schattenwirkungen, wie der berühmte *Homme au Taureau*, bei dem man an Rembrandt denken möchte, wie der Kopf des jungen Saint Jean-Baptiste oder die schreiende Maske für den Genius des Krieges; lauter Notizen und Studien, welche dem Künstler das Leben der Flächen erkennen halfen und ihr Verhältnis zur Atmosphäre. Dann kommen Akte, die mit jagender Sicherheit gezeichnet sind, Formen, ausgefüllt von allen ihren Konturen, modelliert mit vielen schnellen Federstrichen, und andere, eingeschlossen in die Melodie eines einzigen vibrierenden Umrisses, aus dem sich mit unvergeßlicher Reinheit eine Gebärde erhebt. So sind die Zeichnungen, mit denen Rodin, auf den Wunsch eines feinsinnigen Sammlers hin, ein Exemplar der > *Fleurs du Mal*< begleitet hat. Man sagt nichts, wenn man da von einem sehr tiefen Verständnis Baudelaire'scher Verse spricht; man versucht mehr zu sagen, wenn man sich erinnert, wie diese Gedichte in ihrem Mit-sichGesättigtsein keine Ergänzung zulassen und keine Steigerung über sich hinaus: und daß man doch beides empfindet, Ergänzung und Steigerung, wo Rodin'sche Linien sich diesem Werke an-schmiegen, das ist ein Maßstab für die hinreißende Schönheit dieser Blätter. Die Federzeichnung, die neben das Gedicht *La mort des pauvres* gestellt ist, reicht mit einer Gebärde von so einfacher, fortwährend wachsender Großheit über diese großen Verse hinaus, daß man meint, sie erfülle die Welt von Aufgang nach Untergang.

Und so sind auch die Radierungen mit der kalten Nadel, in denen der Lauf unendlich zarter Linien wie der äußerste Umriß eines schönen gläsernen Dinges erscheint, der, in jedem Augenblicke genau bestimmt, hinfließt über das Wesen einer Wirklichkeit.

Endlich aber entstanden auch jene seltsamen Dokumente des Momentanen, des unmerklich Vorübergehenden. Rodin vermutete, daß unscheinbare Bewegungen, die das Modell tut, wenn es sich unbeobachtet glaubt, rasch zusammengefaßt, eine Stärke des Ausdrucks enthalten könnten, die wir nicht ahnen, weil wir nicht gewohnt sind, sie mit gespannter und tätiger Aufmerksamkeit zu begleiten. Indem er das Modell nicht aus dem Auge verlor und seiner erfahrenen und raschen Hand ganz das Papier überließ, zeichnete er eine Unmenge niegesehener, immer versäumter Gebärden auf, und es ergab sich, daß die Kraft des Ausdrucks, die von ihnen ausging, ungeheuer war. Bewegungs-zusammenhänge, die noch nie als Ganzes überschaut und erkannt worden waren, stellten sich dar, und sie enthielten alle Unmittelbarkeit, Wucht und Wärme eines geradezu animalischen Lebens. Ein Pinsel voll Ocker, schnell, mit wechselnder Betonung durch diesen Kontur geführt, modellierte so unglaublich stark die eingeschlossene Fläche, daß man meinte, plastische Figuren aus gebrannter Erde zu sehen. Und wieder war eine ganz neue Weite entdeckt, namenlosen Lebens voll; eine Tiefe, über die alle hallenden Schrittes gegangen waren, gab ihre Wasser dem, in dessen Händen die Weidenrute gewahrsagt hatte.

Auch wo es galt, Porträts zu geben, gehörte der zeichnerische Ausdruck des Themas zu den Vorbereitungen, über welche Rodin, langsam und sich sammelnd, zu dem fernen Werke geht. Denn, so unrecht man hat, in seiner plastischen Kunst eine Art von Impressionismus zu sehen, so ist doch die Menge präzis und kühn erfaßter Impressionen immer der große Reichtum, aus welchem er schließlich das Wichtige und Notwendige auswählt, um es in reifer Synthese zusammenzufassen. Wenn er von den Körpern, die er erforscht und bildet, zu den Gesichtern kommt, muß es ihm manchmal sein, als träte er aus einer windigen, bewegten Weite in eine Stube, in welcher viele beisammen sind: hier ist alles gedrängt und dunkel, und die Stimmung eines Interieurs herrscht unter den Bogen der Brauen und im Schatten des Mundes. Während über den Leibern immer Wechsel und Wellenschlag ist, Ebbe und Flut, steht in den Gesichtern die Luft. Es ist wie in Zimmern, in denen sich viel ereignet hat, Freudiges und Banges, Schweres und Erwartungsvolles. Und kein Ereignis ist ganz vergangen, keins hat das andere ersetzt; eines ist neben das andere gestellt worden und stehn geblieben und welk geworden wie eine Blume im Glase. Wer aber von draußen kommt, aus dem großen Wind, der bringt Weite herein in die Stuben.

Die Maske des *Mannes mit der gebrochenen Nase* war das erste Porträt, das Rodin geschaffen hat. In diesem Werke ist seine Art, durch ein Gesicht zu gehen, schon ganz ausgebildet, man fühlt seine unbegrenzte Hingabe an das Vorhandene, seine Ehrfurcht vor jeder Linie, die das Schicksal gezogen hat, sein Vertrauen zu dem Leben, das schafft, auch wo es entstellt. In einer Art von blindem Glauben hatte er den *Homme au nez cassé* geschaffen, ohne zu fragen, wer der Mann war, dessen Leben in seinen Händen noch einmal verging. Er hatte ihn gemacht, wie Gott den ersten Menschen gemacht hat, ohne die Absicht, etwas anderes zu wirken als das Leben selbst, namenloses Leben. Aber immer wissender, immer erfahrener und größer kam er zu den Gesichtern der Menschen zurück. Er konnte ihre Züge nicht mehr sehen, ohne an die Tage zu denken, die daran gearbeitet hatten, an dieses ganze Heer von Handwerkern, die fortwährend um ein Gesicht herumgehen, als könnte es niemals fertig werden. Aus einer stillen und gewissenhaften Wiederholung des Lebens wurde so in dem reifen Manne eine erst tastende und versuchende, immer sicherer und kühner werdende Auslegung der Schrift, mit der die Gesichter über und überbedeckt waren. Er gab seiner Phantasie nicht Raum; er erfand nicht. Er verachtete nicht einen Augenblick den schweren Gang seines Werkzeugs. Es wäre ja so leicht gewesen, es auf irgend welchen Flügeln zu überholen. Wie früher ging er neben ihm einher, ging die ganzen weiten Strecken, die gegangen sein mußten, ging wie der Pflüger hinter seinem Pflug. Aber während er seine Furchen zog, dachte er über sein Land nach und über die Tiefe seines Landes, über den Himmel, der darüber war, über den Gang der Winde und über der Regen Fall, über alles das, was war und wehe tat und verging und wiederkam und nicht aufhörte zu sein. Und er glaubte in alledem jetzt, besser und weniger verwirrt von dem Vielen, das Ewige zu erkennen, das, um dessenwillen auch das Leid gut und die Schwere Mutterschaft war und der Schmerz schön.

Diese Auslegung, die bei den Porträts begann, wuchs von da immer weiter in sein Werk hinein. Sie ist die letzte Stufe, der äußerste Kreis seiner weiten Entwickelung. Sie fing langsam an. Mit unendlicher Vorsicht betrat Rodin diesen neuen Weg. Wieder drang er von Fläche zu Fläche vor, ging der Natur nach und hörte auf sie. Sie selbst bezeichnete ihm gleich die Stellen, von denen er mehr wußte, als zu sehen war. Wenn er dort einsetzte und aus kleinen Verworrenheiten eine große Vereinfachung schuf, so tat er, was Christus den Leuten tat, wenn er die unklar Fragenden mit erhabenen Gleichnis reinigte von ihrer Schuld. Er erfüllte eine Intention der Natur. Er vollendete etwas, was im Werden hülflos war, er deckte die Zusammenhänge auf, wie der Abend eines Nebeltages die Berge aufdeckt, die in großen Wellen sich fortpflanzen in die Ferne.

Voll von seines ganzen Wissens lebendiger Last, sah er wie ein Zukünftiger in die Gesichter derer hinein, die um ihn lebten. Das giebt seinen Porträts die ungemein klare Bestimmtheit, aber auch jene prophetische Größe, die in den Bildern des *Victor Hugo oder des Balzac* sich zu einer unbeschreiblichen Vollendung erhob. Ein Bildnis schaffen hieß für ihn, in einem gegebenen Gesichte Ewigkeit suchen, jenes Stück Ewigkeit, mit dem es teilnahm an dein großen Gange ewiger Dinge. Er hat keinen gebildet, den er nicht ein wenig aus den Angeln gehoben hätte in die Zukunft hinein; wie man ein Ding vor den Himmel hält, um seine Formen reiner und einfacher zu verstehen. Das ist nicht, was man verschönern heißt, und auch charakteristisch machen ist kein passender Ausdruck dafür. Es ist mehr; es ist: das Dauernde vom Vergänglichen scheiden, Gericht halten, gerecht sein.

Sein Porträt-Werk umfaßt, auch wenn man von den Radierungen absieht, eine sehr große Zahl vollendeter und meisterhafter Bildnisse. Es giebt da Büsten in Gips, in Bronze, in Marmor und Sandstein, Köpfe in gebranntem Ton und Masken, die man einfach hat eintrocknen lassen. Frauenbildnisse kehren immer wieder zu allen Zeiten seines Werkes. Die berühmte Büste des Luxembourg-Museums ist eines der frühesten. Sie ist voll eigentümlichen Lebens, schön, von einem gewissen frauenhaften Zauber, aber sie wird von vielen späteren Werken an Einfachheit und Zusammenfassung der Flächen übertroffen. Sie ist vielleicht das einzige unter Rodins Werken, dem nicht nur die diesem Bildhauer eigentümlichen Tugenden seine Schönheit gegeben haben; dieses Porträt lebt zum Teil auch durch die Gnade jener Grazie, die in der französischen Plastik seit Jahrhunderten erblich ist. Es glänzt ein wenig mit der Eleganz, die auch die schlechte Skulptur französischer Tradition immer noch aufweist; es ist nicht ganz frei von jener galanten Auffassung der belle femme, über welche der Ernst und die tief einsetzende Arbeit Rodins so rasch hinauswuchs. Aber man tut gut, sich an dieser Stelle zu erinnern, daß er auch dieses angestammte Gefühl zu überwinden hatte; er mußte ein angeborenes Können unterdrücken, um ganz arm zu beginnen. Er mußte deshalb nicht aufhören, Franzose zu sein: auch die Meister der Kathedralen waren es.

Die späteren Frauen-Bildnisse haben eine andere, tiefer begründete und weniger geläufige Schönheit. Dabei ist vielleicht zu sagen, daß es meistens Ausländerinnen waren, Amerikanerinnen, deren Porträts Rodin ausgeführt hat. Es giebt darunter solche von wunderbarer Arbeit, Steine, die wie antike Kameen rein und unberührbar sind. Gesichter, deren Lächeln nirgends befestigt ist und so schleierleise über den Zügen spielt, daß es sich zu heben scheint bei jedem Atemholen. Rätselhaft verschlossene Lippen und Augen, die, über alles fort, in eine ewige Mondnacht schauen, traumhaft weit aufgetan. Und doch ist es, als empfände Rodin das Angesicht des Weibes am liebsten als einen Teil seines schönen Körpers, als wollte er, daß seine Augen Augen des Leibes seien und der Mund seines Leibes Mund. Wo er es so im Ganzen erschafft und schaut, da erhält auch das Gesicht einen so starken und ergreifenden Ausdruck nie-verkündeten Lebens, daß die Porträts von Frauen (obwohl sie scheinbar >ausgeführter< sind) weit übertroffen werden.

Anders ist es bei den Männer-Bildnissen. Das Wesen eines Mannes kann man sich leichter im Raume seines Gesichtes versammelt denken. Man kann sich sogar vorstellen, daß es Augenblicke giebt (solche der Ruhe und solche der inneren Erregung), in welchen alles Leben in sein Gesicht eingetreten ist. Solche Augenblicke wählt Rodin, wo er ein männliches Porträt geben will; oder besser: er schafft sie. Er holt weit aus. Er giebt nicht dem ersten Eindruck recht und nicht dem zweiten und von allen nächsten keinem. Er beobachtet und notiert. Er notiert Bewegungen, die keines Wortes wert sind, Wendungen und Halb –Wendungen, vierzig Verkürzungen und achtzig Profile. Er überrascht sein Modell in seinen Gewohnheiten und Zufälligkeiten, bei Ausdrücken, die erst im Entstehen sind, bei Müdigkeiten und Anstrengungen. Er kennt alle Übergänge in seinen Zügen, weiß, woher das Lächeln kommt und wohin es zurückfällt. Er erlebt das Gesicht des Menschen wie eine Szene, an der er selbst teilnimmt, er steht mitten drin und nichts was passiert ist ihm gleichgültig oder entgeht ihm. Er läßt sich nichts von dem Betreffenden erzählen, er will nichts wissen als was er sieht. Aber er sieht alles.

So vergeht über jeder Büste viel Zeit. Das Material wächst, zum Teil in Zeichnungen, in ein paar Federstrichen und Tuschflecken festgehalten, zum Teil im Gedächtnisse angesammelt; denn dieses hat Rodin sich zu einem ebenso verläßlichen als bereiten Hülfsmittel ausgebildet. Sein Auge sieht während der Sitzungs-Stunden viel mehr, als er in dieser Zeit ausführen kann. Er vergißt nichts davon und oft, wenn das Modell ihn verlassen hat, beginnt für ihn das eigentliche Arbeiten aus der Fülle seiner Erinnerung. Seine Erinnerung ist weit und geräumig; die Eindrücke verändern sich nicht in ihr, aber sie gewöhnen sich an ihre Wohnung, und wenn sie von da in seine Hände steigen, so ist es, als wären sie natürliche Gebärden dieser Hände.

Diese Arbeitsweise führt zu gewaltigen Zusammenfassungen von hundert und hundert Lebensmomenten: und so ist auch der Eindruck, den diese Büsten machen. Die vielen fernen Kontraste und die unerwarteten Übergänge, die einen Menschen bilden und eines Menschen fortwährende Entwickelung, treffen einander hier in glücklichen Begegnungen und halten aneinander mit einer inneren Adhäsionskraft fest. Aus allen Weiten ihres Wesens sind diese Menschen zusammengeholt, alle Klimaten ihres Temperamentes entfalten sich auf den Hemisphären ihres Hauptes. Da ist der Bildhauer *Dalou*, in dem neben einer ausdauernden und geizigen Energie eine nervöse Müdigkeit vibriert, da ist *Henri Roche-forts* abenteuernde Maske, da ist *Octave Mirbeau*, bei dem hinter einem Tatmenschen eines Dichters Traum und Sehnsucht dämmert, und *Puvis de Chavannes* und *Victor Hugo*, den Rodin so genau kennt, und da ist vor allem die unbeschreiblich schöne Bronze, das Bildnis des Malers *Jean-Paul Laurens*, von dem eine gute Abbildung diesem Buch beigegeben wurde. Diese Büste ist vielleicht die schönste Sache im Luxembourg-Museum. Sie ist von einer so tiefen und zugleich so groß empfundenen Durchbildung der Oberfläche, so geschlossen in der Haltung, so stark im Ausdruck, so bewegt und wach, daß man das Gefühl nicht verliert, die Natur selbst habe dieses Werk aus den Händen des Bildhauers genommen, um es zu halten wie eines ihrer liebsten Dinge. Die prachtvolle Patina, deren rauch-schwarzen Belag das Metall, wie Feuer, Rammend und sprühend, durchbricht, trägt viel dazu bei, die unheimliche Schönheit dieses Bildwerkes zu vollenden.

Auch eine Büste von *Bastien-Lepage* existiert, schön und melancholisch, mit dem Ausdruck des Leidenden, dessen Arbeit ein fortwährender Abschied von seinem Werke ist. Sie ist für Damvillers, das kleine Heimatdorf des Malers, gemacht worden und ist dort auf dem Kirchhofe aufgestellt. Sie ist also eigentlich ein Denkmal. Und die Büsten Rodins in ihrer Vollständigkeit und ihrer ins Große gehenden Zusammenfassung haben alle etwas vom Denkmal an sich. Es kommt bei diesem nur eine weitere Vereinfachung der Flächen, eine noch strengere Auswahl des Notwendigen und die Bedingung des Weithinsichtbaren dazu. Die Denkmäler, die Rodin geschaffen hat, näherten sich immer mehr diesen Ansprüchen. Er begann mit dem Denkmal des *Claude Gelée* für Nancy; und es ist ein steiler Aufstieg von diesem ersten, interessanten Versuch bis zu dem grandiosen Gelingen des Balzac.

Mehrere von den Denkmälern Rodins sind nach Amerika gegangen, und das reifste von diesen ist bei den Unruhen in Chile zerstört worden, noch ehe es an seinen Platz gebracht worden war. Es war das Reiter-Standbild des Generals *Lynch*. Gleich dem verlorenen Meisterwerke Lionardos, dem es sich vielleicht durch die Macht des

Ausdrucks und durch die wundervoll beseelte Einheit von Mann und Roß näherte, sollte auch diese Statue nicht erhalten bleiben. Nach einem kleinen Gips-Modell im Musée Rodin in Meudon muß man schließen, daß sie das plastische Bild eines mageren Mannes war, der sich gebietend im Sattel aufrichtete, nicht in der brutalen Herren-Art eines Condottiere, sondern nervöser und erregter, mehr wie einer, der die Macht zu befehlen nur ausübt als Amt und sie nicht als Leben lebt. Hier schon erhob sich übrigens die vorwärts-weisende Hand des Generals aus der ganzen Masse des Standbildes, aus Mensch und Tier; und dieser Umstand ist es auch, welcher der Gebärde *Victor Hugo's* ihre unvergeßliche Hoheit, dieses Weit-Herkommende giebt, diese Macht, an die man glaubt auf den ersten Blick. Die große, lebendige Greisenhand die mit dem Meere redet, kommt nicht aus dem Dichter allein; sie steigt herab von dem Gipfel der ganzen Gruppe wie von einem Berge, auf dem sie betete, ehe sie sprach. Victor Hugo ist hier der Verbannte, der Einsame von Guer-nesey, und es ist eines von den Wundern dieses Denkmales, daß die Musen, die ihn umgeben, nicht wie Gestalten wirken, die den Ver-lassenen heimsuchen: sie sind, im Gegenteil, seine sichtbar gewor-dene Einsamkeit. Durch die Verinnerlichung der Figuren und ihre Konzentration, man möchte sagen: um das Innere des Dichters, hat Rodin diesen Eindruck erreicht; indem er auch hier wieder von einer Individualisierung der Berührungsstellen ausging, ist es ihm gelungen, die wundervoll bewegten Akte gleichsam zu Organen des sitzenden Mannes zu machen. Sie sind um ihn wie große Ge-bärden, die er einmal getan hat, Gebärden, die so schön und jung waren, daß ihnen eine Göttin die Gnade verlieh, nicht zu vergehen und in der Gestalt schöner Frauen immer zu dauern.

Für die Figur des Dichters selbst hat Rodin viele Studien gemacht. Während der Empfänge im Hôtel Lusignan beobachtete und notier-te er, von einer Fensternische aus, hundert und hundert Bewegun-gen des Greises und alle Ausdrücke seines belebten Gesichtes. Aus diesen Vorbereitungen entstanden die Porträts Hugos, die Rodin geschaffen hat. Für das Denkmal bedurfte es einer noch weiteren Vertiefung. Er drängte alle die Einzeleindrücke zurück, faßte sie in der Ferne zusammen, und, wie man vielleicht aus einer Reihe von Rhapsoden eine Gestalt gebildet hat: Homer, so schuf er aus allen Bildern seiner Erinnerung dieses Eine. Und diesem einen, letzten

Bilde gab er die Größe des Sagenhaften; als könnte das alles am Ende nur ein Mythos gewesen sein und zurückgehen auf einen phantastisch ragenden Felsen am Meer, in dessen seltsamen Formen entfernte Völker eine Gebärde schlafen sahen.

Diese Macht, Vergangenes zum Unvergänglichen zu erheben, offenbarte Rodin immer, wenn historische Stoffe oder Gestalten in seiner Kunst aufzuleben verlangten; am überlegensten vielleicht in den *Bürgern von Calais*. Was hier Stoff war, beschränkte sich auf einige Spalten in der Chronik des Froissart. Es war die Geschichte, wie die Stadt Calais von Eduard III., dem englischen Könige, belagert wird; wie der König der in der Furcht des Hungers verzagenden Stadt nicht Gnade geben will; wie derselbe König endlich einwilligt, von der Stadt abzulassen, wenn sechs ihrer vornehmsten Bürger sich in seine Hände geben, »damit er mit ihnen tue nach seinem Willen«. Und er verlangt, daß sie die Stadt verlassen sollen, barhaupt, nur mit dem Hemde bekleidet, einen Strick um den Hals und die Schlüssel von Stadt und Kastell in der Hand. Der Chronist erzählt nun die Szene in der Stadt; er berichtet, wie der Bürgermeister, Messire Jean de Vienne, die Glocken läuten läßt und wie die Bürger sich auf dem Marktplatze versammeln. Sie haben die bange Botschaft gehört und warten und schweigen. Aber schon stehen unter ihnen die Helden auf, die Auserwählten, die den Beruf in sich fühlen zu sterben Hier drängt sich durch die Worte des Chronisten das Schreien und Weinen der Menge. Er selbst scheint eine Weile ergriffen zu sein und mit zitternder Feder zu schreiben. Aber er sammelt sich wieder. Er nennt vier von den Helden beim Namen, zwei vergißt er. Er sagt von dem einen, daß er der reichste Bürger der Stadt war, von dem zweiten, daß er Ansehen und Vermögen besaß und »zwei schöne Fräulein zu Töchtern hatte «, von dem dritten weiß er nur, daß er reich an Besitz und Erbschaft war, und von dem vierten, daß er des dritten Bruder gewesen ist. Er berichtet, daß sie sich bis auf das Hemde entkleideten, daß sie Stricke um ihren Hals banden und daß sie so aufbrachen, mit den Schlüsseln von Stadt und Kastell. Er erzählt, wie sie in das Lager des Königs kamen; er schildert, wie hart sie der König empfing und wie der Henker schon rieben ihnen stand, als der Fürst, auf die Bitten der Königin hin, ihnen das Leben schenkte. »Er hörte auf seine Gemahlin« – sagt Froissart, »weil sie sehr schwanger war. « Mehr enthält die Chronik nicht.

Für Rodin aber war das Stoff genug. Er fühlte sofort, daß es in dieser Geschichte einen Augenblick gab, wo etwas Großes geschah, etwas, was von Zeit und Namen nicht wußte, etwas Unabhängiges und Einfaches. Er wandte alle Aufmerksamkeit dem Moment des Aufbruchs zu. Er sah, wie diese Männer ihren Gang begannen; er fühlte, wie in jedem noch einmal das ganze Leben war, das er gehabt hatte, wie jeder, beladen mit seiner Vergangenheit, dastand, bereit, sie hinauszutragen aus der alten Stadt. Sechs Männer tauchten vor ihm auf, von denen keiner dem anderen glich; nur zwei Brüder waren unter ihnen, zwischen denen vielleicht eine gewisse Ähnlichkeit bestand. Aber jeder einzelne hatte auf seine Art den Entschluß gefaßt und lebte diese letzte Stunde auf seine Weise, feierte sie mit seiner Seele und litt sie an seinem Leibe, der am Leben hing. Und dann sah er auch die Gestalten nicht mehr. In seiner Erinnerung stiegen Gebärden auf, Gebärden der Absage, des Abschiedes, des Verzichts. Gebärden über Gebärden. Er sammelte sie. Er bildete sie alle. Sie flossen ihm aus der Fülle seines Wissens zu. Es war, als stünden in seinem Gedächtnis hundert Helden auf und drängten sich zu dem Opfer. Und er nahm alle hundert an und machte aus ihnen sechs. Er bildete sie nackt, jeden für sich, in der ganzen Gesprächigkeit ihrer fröstelnden Leiber. Überlebensgroß: in der natürlichen Größe ihres Entschlusses.

Er schuf den alten Mann mit den hängenden Armen, die in den Gelenken gelockert sind; und er gab ihm den schweren, schleppenden Schritt, den abgenützten Gang der Greise, und einen Ausdruck von Müdigkeit, der über sein Gesicht fließt bis in den Bart.

Er schuf den Mann, welcher den Schlüssel trägt. In ihm ist Leben noch für viele Jahre und alles in die plötzliche letzte Stunde gedrängt. Er erträgt es kaum. Seine Lippen sind zusammengepreßt, seine Hände beißen in den Schlüssel. Er hat Feuer an seine Kraft gelegt und sie verbrennt in ihm, in seinem Trotze.

Er schuf den Mann, der den gesenkten Kopf mit beiden Händen hält, wie um sich zu sammeln, um noch einen Augenblick allein zu sein.

Er schuf die beiden Brüder, von denen der eine noch zurückschaut, während der andere mit einer Bewegung der Entschlossenheit und Ergebung das Haupt neigt, als hielte er's schon dein Henker hin.

Und er schuf die vage Gebärde jenes Mannes, der »durch das Leben geht«. »*Le Passant*« hat Gustave Geffroy ihn genannt. Er geht schon, aber er wendet sich noch einmal zurück, nicht zu der Stadt, nicht zu den Weinenden und nicht zu denen, die mit ihm gehen. Er wendet sich zurück zu sich selbst. Sein rechter Arm hebt sich, biegt sich, schwankt; seine Hand tut sich auf in der Luft und läßt etwas los, etwa so wie man einem Vogel die Freiheit giebt. Es ist ein Abschied von allem Ungewissen, von einem Glück, das noch nicht war, von einem Leid, das nun umsonst warten wird, von Menschen, die irgendwo leben und denen man vielleicht einmal begegnet wäre, von allen Möglichkeiten aus Morgen und Übermorgen, und auch von jenem Tod, den man sich fern dachte, milde und still, und am Ende einer langen, langen Zeit.

Diese Gestalt, allein in einen alten, dunklen Garten gestellt, könnte ein Denkmal sein für alle Jungverstorbenen.

Und so hat Rodin jedem dieser Männer ein Leben gegeben in dieses Lebens letzter Gebärde.

Die einzelnen Figuren wirken erhaben in ihrer einfachen Größe. Man denkt an Donatello und vielleicht noch mehr an Claux Sluter und seine Propheten in der Chartreuse von Dijon.

Es scheint zunächst, als hätte Rodin nichts weiter getan, sie zusammenzufassen. Er hat ihnen die gemeinsame Tracht gegeben, das Hemd und den Strick, und hat sie nebeneinandergestellt in zwei Reihen; die drei, welche schon im Schreiten begriffen sind, in die erste Reihe, die anderen, mit einer Wendung nach rechts, dahinter, als ob sie sich anschlössen. Der Platz, für den das Denkmal bestimmt war, war der Markt von Calais, dieselbe Stelle, auf der einst der schwere Gang begonnen hatte. Dort sollten jetzt die stillen Bilder stehen, von einer niedrigen Stufe nur wenig emporgehoben über den Alltag, so als stünde der bange Aufbruch immer bevor, mitten in jeder Zeit.

Man weigerte sich aber in Calais, einen niedrigen Sockel zu nehmen, weil es der Gewohnheit widersprach. Und Rodin schlug eine
andere Aufstellungsart vor, Man sollte, verlangte er, hart am Meer
einen Turm bauen, viereckig, im Umfange der Basis, mit schlichten,
behauenen Wänden und zwei Stockwerke hoch, und dort oben
sollte man die sechs Bürger aufstellen in der Einsamkeit des Windes
und des Himmels. Es war vorauszusehen, daß auch dieser Vor-
schlag abgelehnt wurde. Und doch lag er im Wesen des Werkes,
Hätte man den Versuch gemacht, man hätte eine unvergleichliche
Gelegenheit gehabt, die Geschlossenheit dieser Gruppe zu bewun-
dern, die aus sechs Einzelfiguren bestand und doch so fest zusam-
menhielt, als wäre sie nur ein einziges Ding. Und dabei berührten
die einzelnen Gestalten einander nicht, sie standen nebeneinander
wie die letzten Bäume eines gefällten Waldes, und was sie vereinte,
war nur die Luft, die an ihnen teilnahm in einer besonderen Art.
Ging man um diese Gruppe herum, so war man überrascht zu sehen, wie aus dem Wellenschlag der Konturen rein und groß die
Gebärden stiegen, sich erhoben, standen und zurückfielen in die
Masse, wie Fahnen, die man einzieht. Da war alles klar und bestimmt. Für einen Zufall schien nirgends Raum zu sein. Wie alle
Gruppen des Rodin'schen Werkes, war auch diese in sich selbst
verschlossen, eine eigene Welt, ein Ganzes, erfüllt von einem Leben,
das kreiste und sich nirgends ausströmend verlor. An Stelle der
Berührungen waren hier die Überschneidungen getreten, die ja
auch eine Art von Berührung waren, unendlich abgeschwächt
durch das Medium der Luft, die dazwischen lag, beeinflußt von ihr
und verändert. Berührungen aus der Ferne waren entstanden, Begegnungen, ein Übereinander-Hinziehen der Formen, wie man es
manchmal bei Wolkenmassen sieht oder bei Bergen, wo auch die
dazwischen gelagerte Luft kein Abgrund ist, der trennt, vielmehr
eine Leitung, ein leise abgestufter Übergang.

Für Rodin war immer schon die Teilnahme der Luft von großer
Bedeutung. Er hatte alle seine Dinge, Fläche für Fläche, in den
Raum gepaßt, und das gab ihnen diese Größe und Selbständigkeit,
dieses unbeschreibliche Erwachsensein, das sie von allen Dingen
unterschied. Nun aber, da er, die Natur auslegend, allmählich dazu
gekommen war, einen Ausdruck zu verstärken, zeigte es sich, daß
er damit auch das Verhältnis der Atmosphäre zu seinem Werke

steigerte, daß sie die zusammengefaßten Flächen bewegter, gleichsam leidenschaftlicher umgab. Hatten seine Dinge früher im Raume gestanden, so war es jetzt, als risse er sie zu sich her. Nur bei einzelnen Tieren auf den Kathedralen konnte man Ähnliches beobachten. Auch an ihnen nahm die Luft in eigentümlicher Weise teil-. es schien als würde sie Stille oder Wind, jenachdem sie über betonte oder über leise Stellen ging. Und in der Tat, wenn Rodin die Oberfläche seiner Werke in Höhepunkten zusammenfaßte, wenn er Erhabenes erhöhte und einer Höhlung größere Tiefe gab, verfuhr er ähnlich mit seinem Werke, wie die Atmosphäre mit jenen Dingen verfahren war, die ihr preisgegeben waren seit Jahrhunderten. Auch sie hatte zusammengefaßt, vertieft und Staub abgesetzt, hatte mit Regen und Frost, mit Sonne und Sturm diese Dinge erzogen für ein Leben, das langsamer verging in Ragen, Dunkeln und Dauern.

Schon bei den *Bürgern von Calais* war Rodin auf seinem eigenen Wege zu dieser Wirkung gekommen; in ihr lag das monumentale Prinzip seiner Kunst. Mit solchen Mitteln konnte er weithinsichtbare Dinge schaffen, Dinge, die nicht nur von der allernächsten Luft umgeben waren, sondern von dein ganzen Himmel Er konnte mit einer lebendigen Fläche, wie mit einem Spiegel, die Fernen fangen und bewegen, und er konnte eine Gebärde, die ihm groß schien, formen und den Raum zwingen, daran teilzunehmen.

So ist jener schmale Jüngling, der kniet und seine Arme empor wirft und zurück in einer Geste der Anrufung ohne Grenzen Rodin hat diese Figur *Der verlorene Sohn* genannt, aber sie hat, man weiß nicht woher, auf einmal den Namen: *Prière*. Und sie wächst auch über diesen hinaus. Das ist nicht ein Sohn, der vor dem Vater kniet. Diese Gebärde macht einen Gott notwendig, und in dem, der sie tut, sind alle, die ihn brauchen. Diesem Stein gehören alle Weiten; er ist allein auf der Welt.

Und so ist auch der *Balzac*. Rodin hat. ihm eine Größe gegeben, die vielleicht die Gestalt dieses Schriftstellers überragt. Er hat ihn im Grunde seines Wesens erfaßt, aber er hat an den Grenzen dieses Wesens nicht Halt gemacht; um seine äußersten und fernsten Möglichkeiten, um sein Unerreichtes hat er diesen mächtigen Kontur gezogen, der in den Grabsteinen fernvergangener Völker vorgebildet scheint. Jahre und Jahre hat er ganz in dieser Gestalt gelebt. Er hat Balzacs Heimat besucht, die Landschaften der Touraine, die in seinen Büchern immer wieder aufsteigen, er hat Briefe von ihm gelesen, er hat die Bilder studiert, die von Balzac existieren, und er ist durch sein Werk gegangen, wieder und wieder; auf allen den verzweigten und verschlungenen Wegen dieses Werkes begegneten ihm die Balzac'schen Menschen, ganze Familien und Generationen, eine Welt, die immer noch an das Dasein ihres Schöpfers zu glauben, aus ihm zu leben und ihn zu schauen schien. Er sah, daß alle diese tausend Figuren, mochten sie tun was sie wollten, doch ganz mit dem Einen beschäftigt waren, der sie gemacht hatte. Und wie man vielleicht aus den vielen Mienen eine., Zuschauerraumes das Drama erraten kann, das sich auf der Bühne vollzieht, so suchte er in allen diesen Gesichtern nach dem, der für sie noch nicht vergangen war. Er glaubte, wie Balzac, an die Wirklichkeit dieser Welt, und es gelang ihm eine Weile, sich ihr einzuordnen. Er lebte, als ob Balzac auch ihn geschaffen hätte, unauffällig gemischt unter die Menge seiner Existenzen. So kam er zu den besten, Erfahrungen. Was sonst da war, schien bei weitem weniger beredt. Die Daguerreotypieen boten nur ganz allgemeine Anhaltspunkte und nichts Neues. Man kannte dieses Gesicht, das sie darstellten, schon von der Schulzeit her. Nur die eine, die im Besitze Stephan Mallarmé's gewesen war und Balzac ohne Rock mit Hosenträgern zeigte, war charakteristischer. Und dann mußten die Aufzeichnungen der Zeitgenossen helfen. Théophile Gautier's Worte, die Notizen der Goncourts und das schöne Porträt Balzac's, das Lamartine geschrieben hatte. Außerdem war nur noch die Büste von David da in der Comédie-Française und ein kleines Bildnis von Louis Boulanger. – Ganz vom Geiste Balzac's erfüllt, ging Rodin mit diesen Hülfsmitteln nun daran, seine äußere Erscheinung aufzurichten. Er benutzte lebende Modelle von ähnlichen Körperverhältnissen und bildete in verschiedenen Stellungen sieben, vollkommen ausgeführte Akte. Es waren dicke, gedrungene Männer mit schwerfälligen Gliedern und kurzen Armen, deren er sich bediente, und er schuf nach diesen Vorarbeiten einen Balzac, ungefähr in der Auffassung, wie die Nadar'sche Daguerreotypie ihn überlieferte. Aber er fühlte, daß damit noch nichts Endgültiges gegeben war. Er kehrte zu der Beschreibung Lamartine's zurück. Dort stand: »Er hatte das Gesicht eines Elementes« und: »Er besaß soviel Seele, daß sie seinen schweren Körper trug wie nichts. « Rodin fühlte, daß in diesen Sätzen ein großer Teil der Aufgabe lag. Er kam ihrer Lösung näher, indem er allen den sieben Akten Mönchskutten anzulegen versuchte, von der Art, wie Balzac sie bei der Arbeit zu tragen pflegte. Es entstand hierauf ein Balzac in Kapuze, viel zu intim, zu sehr zurückgezogen in die Stille seiner Verkleidung.

Aber langsam wuchs Rodin's Vision von Form zu Form. Und endlich sah er ihn. Er sah eine breite, ausschreitende Gestalt, die an des Mantels Fall alle ihre Schwere verlor. Auf den starken Nacken stemmte sich das Haar, und in das Haar zurückgelehnt lag ein Gesicht, schauend, im Rausche des Schauens, schäumend von Schaffen: das Gesicht eines Elementes. Das war Balzac in der Fruchtbarkeit seines Überflusses, der Gründer von Generationen, der Verschwender von Schicksalen. Das war der Mann, dessen Augen keiner Dinge bedurften; wäre die Welt leer gewesen: seine Blicke hätten sie eingerichtet. Das war der, der durch sagenhafte Silberminen reich werden wollte und glücklich durch eine Fremde. Das war das Schaffen selbst, das sich der Form Balzac's bediente, um zu erscheinen; des Schaffens Überhebung, Hochmut, Taumel und Trunkenheit. Der Kopf, der zurückgeworfen war, lebte auf dem Gipfel dieser Gestalt wie jene Kugeln, die auf den Strahlen von Fontänen tanzen. Alle Schwere war leicht geworden stieg und fiel.

So hatte Rodin in einem Augenblick ungeheuerer Zusammenfassung und tragischer Übertreibung seinen Balzac gesehen, und so machte er ihn. Die Vision verging nicht; sie verwandelte sich.

Diese Entwickelung Rodin's, welche die großen und monumentalen Dinge seines Werkes mit Weite umgab, beschenkte auch die anderen mit einer neuen Schönheit. Sie gab ihnen eine eigene Nähe. Es giebt unter den neueren Werken kleine Gruppen, die durch ihre Geschlossenheit wirken und durch die wunderbar sanfte Behandlung des Marmors. Diese Steine behalten auch mitten im Tage jenes geheimnisvolle Schimmern, das weiße Dinge ausströmen, wenn es dämmert. Das kommt nicht allein von der Belebtheit der Berührungsstellen her; es zeigt sich, daß auch sonst zwischen den Figuren und zwischen ihren einzelnen Teilen hier und da flache Steinbänder stehen geblieben sind, Stege gleichsam, die in der Tiefe eine Form mit der anderen verbinden. Das ist kein Zufall. Diese Füllungen verhüten das Entstehen wertloser Durchblicke, die aus dem Dinge hinausführen in leere Luft; sie bewirken, daß die Ränder der Formen, die vor solchen Lücken immer scharf und abgeschliffen scheinen, ihre Rundung behalten, sie sammeln das Licht wie Schalen und fließen fortwährend leise über. Wenn Rodin das Bestreben hatte, die Luft so nahe als möglich an die Oberfläche seiner Dinge heranzuziehen, so ist es, als hätte er hier den Stein geradezu in ihr aufgelöst: der Marmor scheint nur der feste, fruchtbare Kern zu sein und sein letzter leisester Kontur schwingende Luft. Das Licht, welches zu diesem Steine kommt, verliert seinen Willen; es geht nicht über ihn hin zu anderen Dingen; es schmiegt sich ihm an, es zögert, es verweilt, es wohnt in ihm.

Dieses Verschlossenlassen unwesentlicher Durchblicke war eine Art von Annäherung an das Relief. Und in der Tat plant Rodin ein großes Relief-Werk, bei dem alle die Wirkungen des Lichtes, die er mit den kleinen Gruppen erreichte, zusammengefaßt werden sollen. Er denkt daran, eine hohe Säule zu schaffen, um die ein breites Relief-Band sich aufwärtswindet. Neben diesen Windungen wird eine gedeckte Treppe hergehen, die nach außen durch Arkaden abgeschlossen ist. In diesem Gange werden die Gestalten an den Wänden, wie in ihrer eigenen Atmosphäre, leben; eine Plastik wird entstehen, die das Geheimnis des Hell-Dunkels kennt, eine Skulptur der Dämmerung, verwandt jenen Bildwerken, die in den Vorhallen alter Kathedralen stehen.

So wird das *Denkmal der Arbeit* sein. Auf diesen langsam aufsteigenden Reliefs wird eine Geschichte der Arbeit sich entwickeln. In einer Krypta wird das lange Band beginnen, mit den Bildern derer, die in den Bergwerken altern, und es wird sich in seinem weiten Weg durch alle Gewerbe ziehen, von den lärmenden und bewegten zu den immer leiseren Werken, von den Hochöfen zu den Herzen, von den Hämmern zu den Gehirnen. Am Eingang sollen zwei Gestalten aufragen:

Tag und Nacht, und auf dem Gipfel werden zwei geflügelte Genien stehen, die Segnungen, die sich aus hellen Höhen zu diesem Turme niederließen. Denn dieses Denkmal der Arbeit wird ein Turm sein. Nicht in einer großen Gestalt oder Gebärde versuchte Rodin die Arbeit darzustellen; sie ist nicht das Weithinsichtbare. Sie geht in den Werkstätten vor sich, in den Stuben, in den Köpfen; im Dunkel.

Er weiß es, denn auch seine Arbeit ist so; und er arbeitet unaufhörlich. Sein Leben geht wie ein einziger Arbeitstag.

Er hat mehrere Ateliers; bekanntere, in denen ihn Besuche und Briefe finden, und andere, entlegene, von denen niemand weiß. Das sind Zellen, kahle, ärmliche Räume voll Staub und Grau. Aber ihre Armut ist wie jene große graue Armut Gottes, in der im März die Bäume aufwachen. Etwas von einem Frühlingsanfang ist darin – eine leise Verheißung und ein tiefer Ernst.

Vielleicht wächst in einer dieser Werkstätten schon der Turm der Arbeit auf. Jetzt, da seine Verwirklichung noch bevorsteht, mußte man von seiner Bedeutung reden; und sie schien im Stofflichen zu liegen. Wenn dieses Denkmal aber einmal erstanden sein wird, wird man fühlen, daß Rodin auch mit diesem Werke nichts gewollt hat über seine Kunst hinaus. Der arbeitende Körper hat sich ihm gezeigt, wie früher der liebende. Es war eine neue Offenbarung des Lebens. Aber dieser Schaffende lebt so sehr unter seinen Dingen, ganz in der Tiefe seines Werkes, daß er Offenbarungen gar nicht anders empfangen kann, als nur mit den schlichten Mitteln seiner Kunst. Neues Leben heißt für ihn letzten Sinnes nur: neue Oberflächen, neue Gebärden. So ist es einfach um ihn geworden. Er kann nicht mehr irren. Mit dieser Entwickelung hat Rodin allen Künsten ein Zeichen gegeben in dieser ratlosen Zeit.

Man wird einmal erkennen, was diesen großen Künstler so groß gemacht hat: Daß er ein Arbeiter war, der nichts ersehnte, als ganz, mit allen seinen Kräften, in das niedrige und harte Dasein seines Werkzeugs einzugehen. Darin lag eine Art von Verzicht auf das Leben; aber gerade mit dieser Geduld gewann er es: denn zu seinem Werkzeug kam die Welt.

Über den Autor

Geboren am 4.12.1875 in Prag. Rilke war der Sohn eines Militärbeamten und Beamten bei der Eisenbahn. Besuchte die Militärschule St. Pölten 1886 bis 1891 und danach die Militär-Oberrealschule in Mährisch-Weißkirchen. Der sensible Knabe wich der Offizierslaufbahn aus, bereitete sich privat auf das Abitur vor und studierte Kunst- und Literaturgeschichte in Prag, München und Berlin. 1897 Begegnung mit Lou Andreas-Salomé, mit der er 1899/1900 nach Rußland reiste. Das Land, die Menschen, vor allem die »russische Seele« beeindruckten ihn sehr. Begegnung mitTolstoi. 1900 ließ er sich in der Malerkolonie Worpswede nieder und heiratete die Bildhauerin Clara Westhoff, von der er sich 1902 wieder trennte. 1905 wurde er für acht Monate der Privatsekretär von Rodin in Paris. Reisen nach Nordafrika, Ägypten, Spanien. 1911/12 lebte er auf Schloß Duino an der Adria bei der Fürstin Marie v. Thurn u. Taxis. Im 1. Weltkrieg in München; kurze Zeit beim österreichischen Landsturm; aus Gesundheitsgründen entlassen. Nach Kriegsende in der Schweiz: 1920 in Berg am Irschel, seit 1921 auf Schloß Muzot im Kanton Wallis, das ihm sein Mäzen Werner Reinhart zur Verfügung gestellt hatte. Er starb am 29.12.1926 im Sanatorium Val-Mont bei Montreux an Leukämie.

Über tredition

Eigenes Buch veröffentlichen

tredition wurde 2006 in Hamburg gegründet und hat seither mehrere tausend Buchtitel veröffentlicht. Autoren veröffentlichen in wenigen leichten Schritten gedruckte Bücher, e-Books und audio-Books. tredition hat das Ziel, die beste und fairste Veröffentlichungsmöglichkeit für Autoren zu bieten.

tredition wurde mit der Erkenntnis gegründet, dass nur etwa jedes 200. bei Verlagen eingereichte Manuskript veröffentlicht wird. Dabei hat jedes Buch seinen Markt, also seine Leser. tredition sorgt dafür, dass für jedes Buch die Leserschaft auch erreicht wird.

Im einzigartigen Literatur-Netzwerk von tredition bieten zahlreiche Literatur-Partner (das sind Lektoren, Übersetzer, Hörbuchsprecher und Illustratoren) ihre Dienstleistung an, um Manuskripte zu verbessern oder die Vielfalt zu erhöhen. Autoren vereinbaren direkt mit den Literatur-Partnern die Konditionen ihrer Zusammenarbeit und partizipieren gemeinsam am Erfolg des Buches.

Das gesamte Verlagsprogramm von tredition ist bei allen stationären Buchhandlungen und Online-Buchhändlern wie z. B. Amazon erhältlich. e-Books stehen bei den führenden Online-Portalen (z. B. iBookstore von Apple oder Kindle von Amazon) zum Verkauf.

Einfach leicht ein Buch veröffentlichen: **www.tredition.de**

Eigene Buchreihe oder eigenen Verlag gründen

Seit 2009 bietet tredition sein Verlagskonzept auch als sogenanntes "White-Label" an. Das bedeutet, dass andere Unternehmen, Institutionen und Personen risikofrei und unkompliziert selbst zum Herausgeber von Büchern und Buchreihen unter eigener Marke werden können. tredition übernimmt dabei das komplette Herstellungs- und Distributionsrisiko.

Zahlreiche Zeitschriften-, Zeitungs- und Buchverlage, Universitäten, Forschungseinrichtungen u.v.m. nutzen diese Dienstleistung von tredition, um unter eigener Marke ohne Risiko Bücher zu verlegen.

Alle Informationen im Internet: **www.tredition.de/fuer-verlage**

tredition wurde mit mehreren Innovationspreisen ausgezeichnet, u. a. mit dem Webfuture Award und dem Innovationspreis der Buch Digitale.

tredition ist Mitglied im Börsenverein des Deutschen Buchhandels.

Dieses Werk elektronisch lesen

Dieses Werk ist Teil der Gutenberg-DE Edition DVD. Diese enthält das komplette Archiv des Projekt Gutenberg-DE. Die DVD ist im Internet erhältlich auf **http://gutenbergshop.abc.de**

FSC
www.fsc.org
MIX
Papier | Fördert
gute Waldnutzung
FSC® C083411

Zeitfracht Medien GmbH
Ferdinand-Jühlke-Straße 7
99095 Erfurt, Deutschland
produktsicherheit@kolibri360.de